དམིགས་པ་གེགས་སེལ་ཆེན་མོ།

觀修除障法

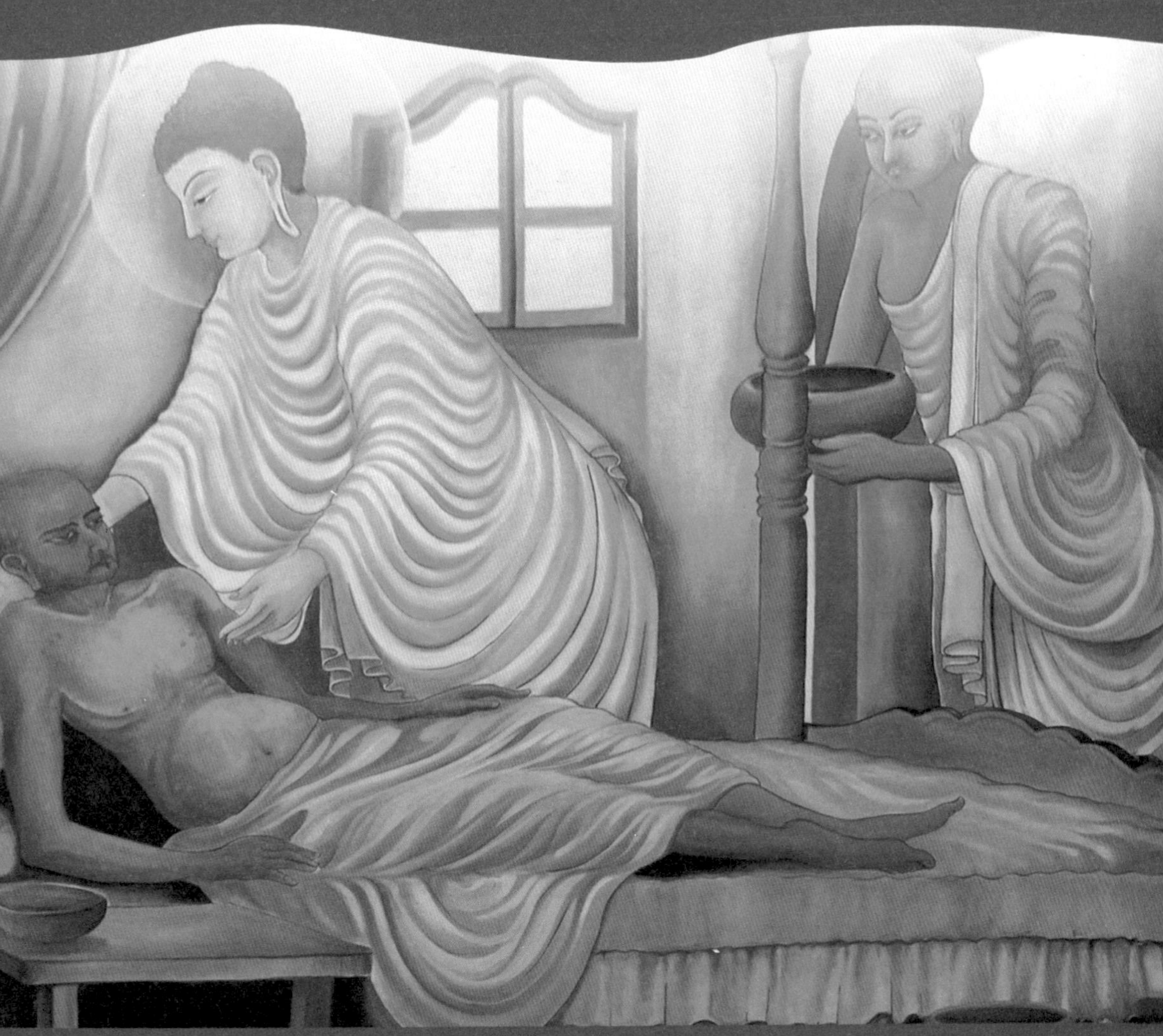

原著：直貢噶舉教主 覺巴吉天頌恭

藥師佛
Medicine Buddha

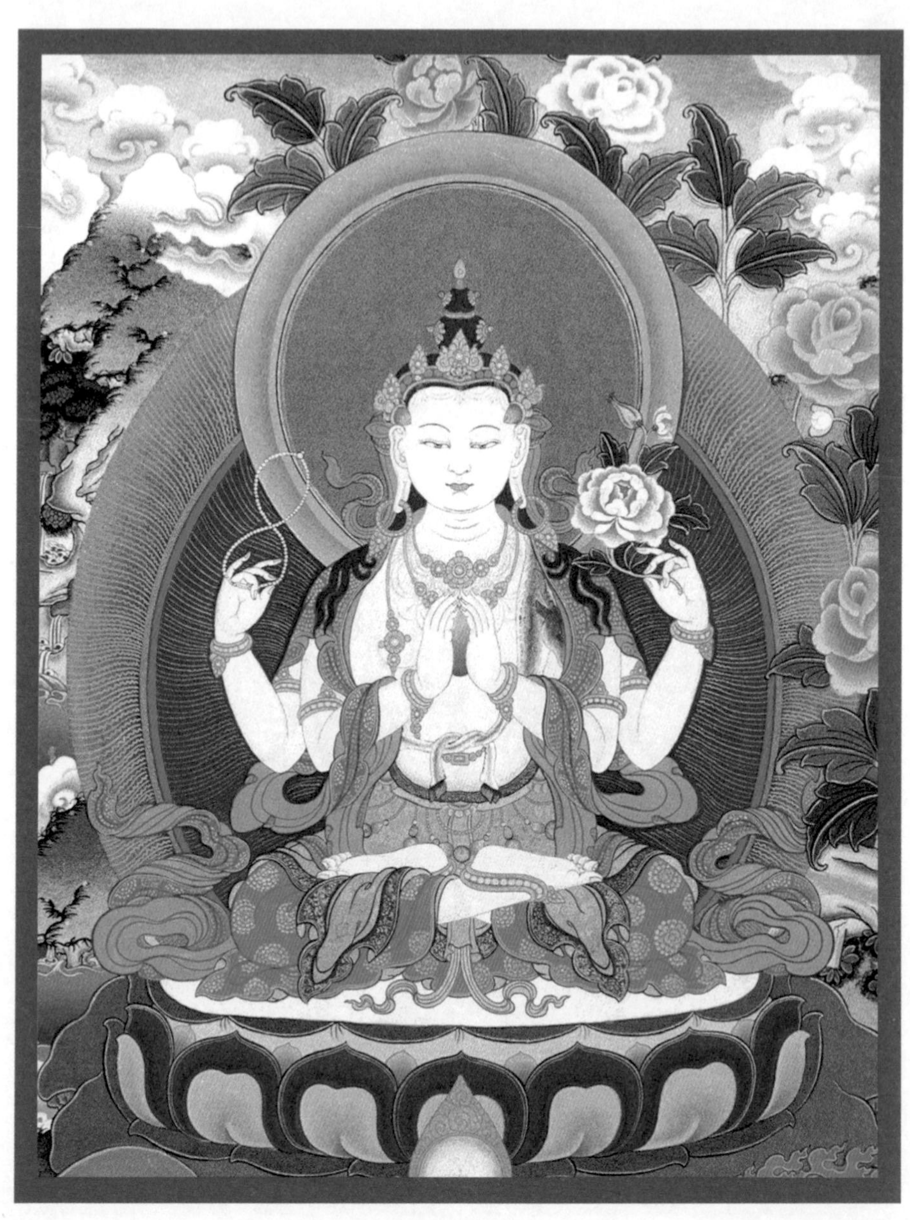

四臂觀音
Avalokitesvara

དཀར་ཆག

目 錄

【附錄篇】

A· 附錄儀軌

B· 附錄圖《藏傳醫學測量長度單位名》

【觀修除障法-藏文版】

直貢噶舉教主 覺巴吉天頌恭
供奉於西藏嘎澤寺由噶爾曲丁巴親自用白金鑄造之塑像
Kyobpa Jigten Sumgön Statue in Katsel Monastery, Tibet

༄ ལྔ་ལྡན་རྟོགས་པའི་མགུར།།

吉天頌恭大印五支證道歌

དཔལ་ཕག་མོ་གྲུ་པའི་ཞབས་ལ་འདུད། །

吉祥上師帕摩竹巴足前我頂禮！

བྱམས་དང་སྙིང་རྗེའི་རྟ་ཕོ་ལ། །　　གཞན་ཕན་གྱི་དཀྱུས་ཐོག་མ་བཅད་ན། །

慈心悲心如駿馬　　利他馳騁未領先

ཁྲོམ་ལྷ་མིའི་ཧོར་ཆེ་མི་འབྱུང་བས། །　　སེམས་སྔོན་འགྲོ་འདི་ལ་ནན་ཏན་མཛོད།།

人天歡呼不會得　　心於前行奮勉行

རང་ལུས་ལྷ་སྐུའི་རྒྱལ་པོ་ལ། །　　གཞི་འགྱུར་མེད་ཀྱི་བརྟན་ས་མ་ཟིན་ན། །

己身本尊如國王　　於基無變未堅固

མ་མཁའ་འགྲོའི་འཁོར་འབངས་མི་འདུ་བས། །　　ལུས་ཡི་དམ་གྱི་ལྷ་ལ་ནན་ཏན་མཛོད། །

空行母眷則不聚　　自身本尊奮勉行

བླ་མ་སྐུ་བཞིའི་གངས་རི་ལ། །　　མོས་གུས་ཀྱི་ཉི་མ་མ་ཤར་ན། །

上師四身如雪山　　誠摯太陽若未照

བྱིན་རླབས་ཀྱི་ཆུ་རྒྱུན་མི་འབྱུང་བས། །　　སེམས་མོས་གུས་འདི་ལ་ནན་ཏན་མཛོད། །

加持之水不流淌　　心應致力於誠摯

སེམས་ཉིད་ཀྱི་ནམ་མཁའ་ཡངས་པ་ལ། །　　རྣམ་རྟོག་གི་སྤྲིན་ཚོགས་མ་དེངས་ན། །

心性虛空般廣大　　分別雲海若未散

མཁྱེན་གཉིས་ཀྱི་གཟའ་སྐར་མི་བཀྲ་བས། །　　སེམས་མི་རྟོག་འདི་ལ་ནན་ཏན་མཛོད། །

二智星曜不出現　　心無分別奮勉行

ཚོགས་གཉིས་ཡིད་བཞིན་གྱི་ནོར་བུ་ལ། །　　སྨོན་ལམ་གྱིས་བྱི་དོར་མ་བྱས་ན། །

二資糧之如意寶　　誓願淨除若不為

དགོས་འདོད་ཀྱི་འབྲས་བུ་མི་འབྱུང་བས། །　　རྗེས་བསྔོ་བ་འདི་ལ་ནན་ཏན་མཛོད། །

所求之果不會得　　結行迴向奮勉行

ཅེས་ཕྱག་ཆེན་ལྔ་ལྡན་གྱི་རྟོགས་མགུར་བྱ་བ་སྐྱོབ་པ་ཉིད་ཀྱིས་མཛད་པའོ།།

《大印五支證道歌》乃怙主 吉天頌恭所作

第三十七任直貢法王 – 第七世澈贊法王
滇津珍列倫珠
37th Drikungpa, 7th Kyabgön Chetsang
攝於聖地拉契雪山

༄༅། །འབྲི་གུང་སྐྱབས་མགོན།།

DRIKUNG KYABGON

༄ །རྒྱལ་པོ་ལྷ་བུའི་ཏིང་འཛིན་དང་།།

吉天頌恭仁欽云：

བྲམ་ཟེ་ལྷ་བུའི་དམིགས་པ་དང་།།

禪定如國王，

འབངས་མི་ལྷ་བུའི་སྨན་པ་ཞེས།།

觀如婆羅門，

འཇིག་རྟེན་མགོན་པོ་རིན་ཆེན་གསུངས།།

藥則如百姓。

རླུང་སེམས་དབྱེར་མེད་རྒྱུ་བའི་ཕུང་པོ་ལ།།

氣心無二竄身處，

དམིགས་པའི་ཟེར་གྱིས་བཙོམས་པ་འབྱུང་འཁྲུགས་ནད།།

四大不衡觀修治，

སེམས་ཁམས་སྙོམས་པ་ཏིང་འཛིན་རྒྱལ་པོ་ཡིས།།

心態調伏禪定以，

ནད་རྣམས་མ་ལུས་འཇོམས་པ་རྟེན་འབྲེལ་གཤིས།།

業障盡除因緣性。

རྒྱལ་བ་འབྲི་གུང་པ་འཕྲིན་ལས་ལྷུན་གྲུབ་ཀྱིས་རབ་གནས་ཤིང་ལུག

ཕྱི་ལོ། ༢༠༡༥ ཟླ། ༩ ཚེས། ༢༥ ཉིན་འབྲུག་བུམ་ཐང་ནས།

直貢巴珍列倫珠 書於不丹 普木唐

藏曆木羊年，二〇一五年九月二十五日

第十二世 努巴昆秋滇津仁波切
12th Nubpa Rinpoche Konchog Tenzin
攝於聖地拉契雪山關房前

努巴仁波切 序

頂禮具恩根本上師
無別怙主吉天頌恭
圓滿緣起法成就者

加持我等如母眾生之心續，觀修法為何能治病呢？教主 覺巴吉天頌恭著作《一意》云：「因果是一剎那間的顯現。」我等眾生具足六大[1]調和時，則身體健康；若六大不順，則會引發各種疾病，故要調和六大就必須先調伏自心，此極其重要，因自心有駕馭六大的能力。

無比慈悲的三界怙主 吉天頌恭如是開示：「禪定如國王，觀如婆羅門，藥則如百姓；觀修法可以治病，同時也可發揮實修效用，故觀修法是很重要。」因此我們要延續發展如珍寶般的觀修法脈，更要努力實修，這是非常重要的。

怙主所說的觀修法都是直接與《大手印五支道》之教法相互關聯的，在我們現實生活中，觀修法除了暫時可以治病和除障外，特別的是能夠證得無上菩提果，這是一種比其他練氣功更為殊勝之妙法。

第一、觀修前先發心：「願我所患之疾病和魔障，能清淨一切眾生的疾病和魔障。」如是發菩提心。

第二、觀修身空：「觀想自身為本尊，體內完全沒有腸胃等內臟與穢物，如同清淨充滿了氣的羊膜囊[2]般清澈透明。」如是觀修本尊。

1 六大：指地、水、火、風、空、識。
2 羊膜囊：是兩層堅韌、薄、透明的膜，位於羊膜動物的胎盤之內。比喻為如水晶般清澈透明之意，即自觀本尊內空如水晶瓶。

第三、正行：「於臍下四指之三脈匯集處，觀想有一寸[3]大小的上師安住。」如是觀修上師相應。

第四、禪定：「無執著、無分別心安住於大手印境界，禪定的口訣如冰片[4]般純淨。」如是觀修大手印。

第五、迴向：怙主　吉天頌恭云：「觀修《大手印五支道》之教法，發揮實修作用，病障就可以斷根。」如是自然圓滿迴向。

以上觀修法具有《大手印五支道》之涵義，還有其他拙火、持寶瓶氣、觀想精華和明點等觀修方法，亦包含了所有實修的甚深義，請大家在自己的現實日常生活中皆能結合此觀修法而努力去實修之。

努巴仁波切 昆秋滇津
書於拉契雪山

3　一寸：藏名「村康」，藏傳醫學測量長度單位名，指大拇指的指尖至第一節橫紋關節之長度為一寸。見【圖 27】P. 157。

4　冰片：別名龍腦，梵義作身旺或極涼，是一種治熱病的藥。其色潔白，氣清香，味澀而辛，性極寒，具清熱止痛，散鬱火功效。

緣 起

於拉契雪山勝樂金剛「語壇城」涅雍 (左耳，又稱 *Godavari*) 聖地的山林中，尊貴的　努巴仁波切娓娓道來直貢噶舉教主　覺巴吉天頌恭所著「大除障法」的緣起背景。

怙主　吉天頌恭的著作裡，其內容是分散的、不集中的，當時他有很多弟子，最多時高達十七萬多的出家眾弟子，曾派遣弟子各五萬五千五百二十五人分別前往岡底斯雪山、拉契雪山和匝日神山三地[1]閉關修行。有時候弟子出現了一些生病或障礙，怙主　吉天頌恭分別對不同弟子講授各一段口訣，故內容分散，亦未完整匯集。

藏語「ཟབ་ཆོས། 薩覺」就是甚深法要，也就是保密之意，是一種口訣，並非公開傳授的，所以看的人或學習的人很少。爾後，尊貴的　直貢澈贊法王看到現在末法時代有很多未曾出現的疑難雜症，希望饒益更多受病苦的眾生，於 2007 年第二次在拉契雪山閉關時，特別交代努巴仁波切將怙主這些口訣收集起來，再由松贊圖書館出版了藏文版དམིགས་པ་གེགས་སེལ་ཆེན་མོ།（涅巴給西千莫）一書，意為「大除障法」。當時藏文版是根據教主之法語，一字不改，常重複不詳，現今經匯整之中文版，則比較清楚、易懂了。

每一種疾病產生的緣起都不同，可能是過去生業障，也可能是四大不合情況所產生的各種病痛；而修行者在修行過程當中，因身體姿勢或方法不正確，也可能產生各種障礙。各種疾病的因緣不同，消除的方法也會有所不同，故有在三脈匯集處觀想上師、或在心臟等有病魔處觀四臂觀音本尊身、或觀白色「ཨ 阿」字等各種不同的觀修方法。

1　岡底斯雪山，乃勝樂金剛的「身壇城」，吉祥馬年。
拉契雪山，密勒日巴閉關聖地，乃勝樂金剛的「語壇城」，吉祥羊年。
匝日神山，乃勝樂金剛的「意壇城」，吉祥猴年。

怙主　吉天頌恭對於任何一法的教導都具足四要點：
(1) 根據佛陀教法的準則。
(2) 上師的口訣（修行內容）。
(3) 修行人本身實踐的覺受（條件）。
(4) 所修行的都符合法的本性或法的緣起規律。

如此具足此四要點學習，任何一種觀想都可以得到成功的，若不具足的話，則觀修是不可能成功的。主要關鍵在於完全相信怙主　吉天頌恭所說的這些法教，以堅定信念來修習，有真心的體會和自己的感覺，才會有效果，不能半信半疑。首先自己生病時，不是只為了自己的病來修持，應觀想到一切眾生，以今天我的病痛來代替別人的病痛，發願消除眾生的痛苦，如此修持自他平等、自他交換的慈悲心與菩提心。

怙主　吉天頌恭所講授的對象是佛教徒，尤其是針對修習大手印的修行弟子來說的，這是不同於有些以健身方法為目標的氣功與瑜珈等。怙主　吉天頌恭說我們修行大手印五支道者的一切行為都必須以大手印為前提，實際應用於行、住、坐、臥的日常生活中，其主要的內容包括：(1) 慈心、悲心與菩提心 (2) 本尊瑜珈 (3) 上師瑜伽 (4) 大手印 (5) 迴向。

在家中修持時，要放置藥師佛像，供養六良藥[2]，這是怙主　吉天頌恭所說的「緣起自在」，故尊重「緣起」是很重要。觀想為什麼要除障？是為了知道一切緣起，若具足好的緣起可淨除障礙，不具足緣起則會帶來很多障礙。大家應秉持大慈悲心與菩提心，對眾生的身體有病痛時，能教以方法，慢慢引導他們走上修行路上，如是可增長修行的境界。而一般吃藥、氣功、打針只對身體有一些幫助，但對修行是沒有幫助的。

2　六良藥：指心臟良藥肉蔻、肺臟良藥竹黃、肝臟良藥紅花、命脈良藥丁香、腎臟良藥豆蔻與脾臟良藥砂仁。

編 者 言

禮敬十地珍貴直貢巴，願得無離怙主祈加持！

2008 年印度強久林寺廟的冬季大法會，末學幸運得見《དམིགས་པ་གེགས་སེལ་ཆེན་མོ། 大除障法》這本藏文書，此書源自直貢噶舉教主　覺巴吉天頌恭的《ཟབ་ཆོས། 甚深法要》，乃禪修治病除障的一種法教。原為不公開之密法，然尊貴的　直貢澈贊法王慈悲，為免怙主珍貴的甚深密法日後失傳，特開方便之門，委託長年在聖地拉契雪山閉關修行尊貴的　努巴仁波切，於拉契雪山修行之餘，抽空將原文彙整出書。

有感於自己過去閉關經驗，試想其他在雪山或偏遠地區閉關的修行者，難免會碰到一些病痛與障礙現前，若有怙主《大除障法》的口訣，必可助益行者，將疾病違緣轉為道用。一時起心動念，特地請示具恩根本上師　直貢澈贊法王，得到中譯之許可；同時法王表示樂見此書能譯為中文，以嘉惠漢語修行之弟子眾等。

是以，每年末學把握待在印度松贊圖書館期間的空檔，就近請託噶舉佛學院的喇嘛昆秋赤列協助將藏文本用中文解說，互相研究，經過多年來的整理，直至 2012 年 8 月 21 日，在尼泊爾仁欽林寺有幸得到尊貴的　努巴仁波切親自面授，修正內文與解說觀修姿勢，如此因緣具足之下，才真正落實了此中譯本的眉目。

尊貴的　努巴仁波切因尊法之故，將怙主　吉天頌恭之著作如實地不改其文字，特別彙整成藏文版出書。今基於努巴仁波切的指示，中譯本不須像藏文版有諸多重複與冗長的文字；也為了方便弟子們瞭解，故改以摘要式整理，逐一分別說明；

更特增繪圖資料以佐助，冀助行者實修時有正確的瞭解與認識。此外，在附錄篇收錄一些口訣儀軌以及努巴仁波切特地撰寫的《除障法句誦》儀軌[1]；更附加〈藏傳醫學測量長度單位名〉之圖示，提供行者做為實修與參考之用。同時補錄原藏文版於後，其中亦修正了前藏文版本之錯字。

根據《四部醫典》所載，若身體四大不調，將導致四百零四種疾病。依現代醫學模式來看，當我們生病的時候，要去看病、吃藥，可以在接受醫學治療的同時，在精神上把疾病當做一種修行法門。要了解這一切疾病障礙雖看似由外而顯，然與心、氣在諸脈中隨著貪、瞋、癡三毒而運行有關。我們應為令有情眾生能離苦得樂、證入究竟珍貴之無上正等正覺而長養菩提心，以此發心，行者自成明空無二雙運之本尊，並且極虔誠地禪修上師法。我們通過這個觀修法，可以解決當時的病痛，同時還可以把疾病轉為道用來積累資糧、清淨罪業和遣除魔障，從而進一步徹底解決病痛之苦，可見這個觀修法是非常珍貴實用的。

末學 尊此怙主口訣之甚深法要，惶恐未經實修而貿然出書有誤，故特地懇請　努巴仁波切之首肯，藉由2015吉祥木羊年三月拉契雪山朝聖時，具緣弟子們跟隨仁波切腳步來到拉契雪山的勝樂金剛「語壇城」涅雍聖地，在此遠離塵囂、蔥翠蓊郁的山林中，有幸承蒙仁波切殷切講授怙主　吉天頌恭《大除障法》的珍貴教法，這是第一次大家共同學習此教法與各自實修體會的階段，實屬殊勝難得之因緣。今特地整理紀錄這次仁波切講授「緣起」與「實修指導」之內容，附錄於後以饗各位讀者。希冀此法日後能弘揚普及於遍地，雨露均霑，利益更多的眾生。

1 見附錄儀軌（一）《除障法句誦》P. 113。

真正有心修習此《大除障法》之行者，先要瞭解此法屬於金剛乘甚深法要，是相對應於修持大手印法門，建議最好得獲傳承上師的口傳與解說。倘使行者對直貢噶舉傳承教主　覺巴吉天頌恭具有堅定不移之虔誠和信心，必當蒙受其加持，得獲最大利益。

感恩根本上師　直貢澈贊法王與　努巴仁波切慈悲教導，更感謝喇嘛昆秋赤列長期合作的中譯解說，以及堪千尼瑪嘉稱與其他堪布、喇嘛們的相助。由衷感謝低調發心不願具名師兄的電腦繪圖，這些畫龍點睛的示範圖，讓此書呈現更完整精彩內容。另外，感謝喇嘛昆秋噶瑪、喇嘛昆秋拉旺與曾師兄的輾轉封面設計；還有感謝道興法師於相關醫學之指正，以及郭師兄、洪師兄與其他諸師兄等人的用心協助。在整個編輯、校對過程中，多年來領受到家人的支持以及眾多貴人與師兄們的鼓勵與贊助，在此不贅，僅藉此機會，對他們致上最高的謝意，並迴向善根功德速證佛果。

才疏學淺愚鈍我，難測怙主教法深，
若有違理諸過失，祈願智者慈指正。
吾以此善願眾生，依勝二諦菩提心，
不迷輪迴不住寂，成就金剛持果位。

善！善！善！

承恩弟子　李正秋
2015 年秋

དམིགས་པ་གེགས་སེལ་གྱི་སྔོན་ལས་གེགས་སེལ་ཆེན་མོའི་སྔོན་འགྲོ།

大除障法之前行

上師不動佛體性，具足慈悲藥師佛，
眾生怙主金剛持，上師蓮足我頂禮。

具三時諸佛體性的三界怙主 吉天頌恭云：「諸病皆有生起之因、依存之基及壞滅之緣。」故知病障之發生皆具足這三種因素。

一、「生起之因」，有遠因和近因兩種。
（1）遠因，是指無始以來所做惡業的果報。
（2）近因，是指煩惱與分別心等。譬如貪欲引生寒病[1]，屬女病魔；瞋恨引生風病[2]及熱病[3]，屬男病魔；無明、愚癡引生痰病[4]，屬地神病魔；傲慢與嫉妒引生膽病[5]及綜合病等。

二、「依存之基」，是依煩惱與分別心而存在之基礎。

三、「壞滅之緣」，則是善業可對治惡業，故累積福德資糧是很重要的，必須實修無貪、無瞋與無癡。

1 寒病：藏名「གྲང་བ། 場哇」，指因感受寒邪所致的疾病，有內寒和外寒之分。

2 風病：藏名「རླུང་། 隆」，指"氣"，乃因風邪致病，可分內風與外風二類，外風多由自然界外感風襲而得病，內風則多由肝臟的功能失調而發生。

3 熱病：藏名「ཚད་པ། 赤巴」，指"火"，凡一切外感熱性病症，尤以中暑最為嚴重。

4 痰病：藏名「བད་ཀན། 培根」，指"土"和"水"，乃涎液病，可分外痰與內痰兩種，外痰指呼吸系統的分泌物，而內痰是因為體液在致病因素影響下而運行失常，逐漸凝結成黏稠狀有害的液體。

5 膽病：藏名「མཁྲིས་པ། 替巴」，因肝氣有餘、濕熱蘊膽、膽氣虛怯或猝受驚恐所致，膽病有寒熱虛實之分。

若不斷煩惱與妄想雜念的話，即使做觀修法也不能治病。以前是有用緣起法則來治病的例子，例如曾有澤龍巴大師[6]身體腫脹起來，他便於臍下四指處放訶梨勒[7]【圖1】，用腰帶綁起來，如此就淨除病痛了。還有，扎旺秋森給大師腳痛時，他在腳底下放一塊布，大小如銅幣，然後，心則專注於布，也就清淨病痛了。我們按照很多緣起法則是可以治病，但並不能對實修有助益，因此，怙主 吉天頌恭在緣起法則的基礎上教授觀修的方法，不僅可以治病，依之實修亦能發揮效力，是以努力做觀修法至為重要。

所以當自己生病時，不需要尋求其他治療方法，而應努力地做觀修法。《佛子道次第[8]》載：「遇到種種困難時，不能像貓過河一樣，盲目去做卜卦、供神，而產生很多的欲求，直到最後希望總會落於空的。」所以不要無知、糊塗地亂吃藥，做卜卦、供神、算命等等。我們要深信觀修法，如果病能治癒的話，觀修法就可以治好；如果是不能治癒的病，則觀修法也就無法救治，當面臨必定死亡時，連千佛的力量也無能為力，那就是無法得救了。如果是突發病症或障礙病，通常用觀修法可以救治；至於持咒與吃藥都無法治好的病，也是可以用觀修法來對治。故要有堅定的信心，準備六良藥供養上師，如果上師不在身邊的話，則用水泡六良藥供養在上師法照前，這是治病的緣起法則。

6 澤龍巴大師：乃怙主 吉天頌恭的老師。

7 訶梨勒：梵語 *Harītaki*，藏名 *Arura*（阿如拉），又名訶子，另外也稱藏青果、隨風子、訶梨勒果，亦即藥師佛右手結尊勝印並持帶葉的藥訶子。《金光明最勝王經・除病品第二十四》云：「訶梨勒一種，具足有六味；能除一切病，無忌藥中王。」見【圖1】P. 25。

8 佛子道次第：乃《覺巴吉天頌恭全集》中，怙主 吉天頌恭對弟子所開示的一篇佛子修行道次第之教法。

觀修前要做累積資糧，先觀想迎請與藥師佛無二無別的上師至前面虛空中，以無量的供品做供養，並供養自身一切受用，來祈求清淨所有病障。

還要準備兩種食子，一個食子先供養三寶與空行護法，祈求加持庇護和清淨障礙；再佈施另一個食子給魔障等，用來還清宿世業債。

觀修除障法與其他任何觀修法之前行皆同，應發菩提心，必須先做此「前行」，說明如下：

（1）先「發願」，觀想我所患的疾病與罪障能代替所有眾生的疾病與罪障，願淨除一切眾生的業障、煩惱障與所知障。如是觀修三次。

（2）再「發菩提心」，願我的病痛與罪障，能清淨一切眾生的病痛與罪障。如是觀修三次。

（3）然後「皈依三寶」。如是觀修三次。

（4）「懺悔」，懺悔無始以來自身所造作之諸惡業。如是觀修三次。

【圖 1】訶梨勒

ཚེ་བསྒྲུབ་པའི་ཐབས།

長壽儀軌

為令成就吉祥與安樂，永不為違緣所障，得獲長壽等諸功德，恒常應於行、住、坐、臥等四威儀中，觀修《長壽佛儀軌[1]》。若常觀修此儀軌，則不會招感任何罪業，且可獲得如初月般增長的功德，因此要努力實修此一口訣。

每個月的初八、十三、十五、二十五與三十等日，當天的四個時段[2]，都要觀修《捨身積福口訣[3]》，此為最殊勝的贖命儀軌。

【圖 2】長壽佛

1 見附錄儀軌(二)《瑪吉珠貝傑摩佛母的賜予無死長壽佛儀軌》P.120，以及【圖 2】長壽佛 P. 26。

2 四個時段：指一天上座修法四次，時間分別是天亮之前、早餐之後、午餐之後以及天黑之前等四座。

3 捨身積福口訣：梵名「古薩里」，是一種施身法（*Chöd*），意為割截身體的觀修法，指在禪定練習中，想像切割自己的身體，佈施給一切眾生。見附錄儀軌（三）《捨身積福口訣》P. 135。

གདམས་ངག་ཀུ་ས་ལིའི་ཚོགས་གསོག་ཅེས་བྱ་བ་ནི།

捨身積福口訣

頂禮上師！

怙主 吉天頌恭曾經云：「斷除人我執與法我執的最殊勝方法，要先發菩提心，符合上師的心意，爾後觀修《捨身積福口訣》。首先發菩提心，把自己的神識和身體分開，將自己的神識觀想為本尊，右手持金剛寶劍，從自身的眉間割斷頭顱，頭蓋骨落下置於三角的頭顱灶上，成為寬闊如三界的顱器[1]【圖3】，將自己身體放入顱器裡，口唸誦「ཨོཾ་ཨཱཿཧཱུྃ། 嗡啊吽」三次，轉化為無漏甘露。再自觀為本尊，由顱器內取出甘露，遍灑於地獄道而轉化成密嚴剎土壇城，而地獄道眾生清淨業障後都轉化為本尊。同樣地，取甘露遍灑於餓鬼道、畜生道、人道、阿修羅道與天道等外器世界與內情眾生，悉皆轉化成如上述的壇城和本尊。然後，自己再遍灑甘露，供養所化成的本尊，令本尊歡喜，並將所修的善行悉數迴向於有情眾生，如此可修護自身已衰退的誓言，而所有功德亦如初月般增長，如是實修儀軌極其重要。」

怙主 吉天頌恭又云：「《捨身積福口訣》為甚深法要，努力實修此法是很重要的。」

那如何實修此《捨身積福口訣》呢？

首先觀空性，唸誦：

「嗡 梭巴瓦 修達 薩爾瓦 達爾瑪 梭巴瓦 修朵 杭」

1 顱器：藏名*Kapala*，是用人橢圓形的顱骨上半部製成，為金剛乘神靈的供器，內盛有甘露、酒、鮮血等等。見【圖 3】顱器 P. 29。

然後，自心專注於空性，把自己的身體和神識分開，剎那間，自己的神識觀想為金剛瑜伽母[2]，觀想前方有自己赤裸的屍體，金剛瑜伽母右手持彎刀，從尸體的眉間割斷。而「ཀཾ 崗」字化成三角的頭顱灶，上面放著外白內紅、寬闊如三界虛空的顱器，觀想顱器內有自己的屍體。

再次觀空性，唸誦「嗡 梭巴瓦 修達 薩爾瓦 達爾瑪 梭巴瓦 修朵 杭。」風起、火燃，水洗清淨染垢，唸誦「ཨོཾ་ཨཱཿཧཱུྃ། 嗡啊吽」，顱器內充滿紅色的三昧耶甘露。然後，念誦「雜吽邦霍」，融入白色的智慧甘露。再唸誦「嗡啊吽，雜吽邦霍」，三昧耶甘露和智慧甘露混合無別，具紅白色。再用顱器盛取甘露，遍灑於地獄道的外器世界，清淨所有罪業，化成密嚴剎土壇城；又用顱器盛取甘露遍灑於地獄道的內情眾生，清淨所有業障、煩惱障和所知障，化成金剛瑜伽母。同樣地，甘露遍灑於餓鬼道、畜生道、人道、阿修羅道與天道等外器世界，清淨所有障礙，全化成密嚴剎土壇城；亦遍灑於各道之內情眾生，清淨所有業障、煩惱障和所知障，全化成金剛瑜伽母。

然後，觀想皈依境之上師、本尊、勇父空行、佛法僧三寶和護法等，剎那間，顯現於前面虛空中，唸誦「嗡 阿嘎如母 抗沙哇 達瑪女 阿督奴威 那度達 嗡啊吽」，加持甘露，令彼等的金剛舌受用甘露，心生歡喜滿意。然後，唸誦「班雜木」，送請諸聖眾返回原處。最後，安住於大手印禪定境界。

所修的善根應做迴向，如是每天實修四座《捨身積福口訣》必能累積資糧和淨除一切障礙。

2 金剛瑜伽母：源自《勝樂根本續》載，金剛瑜伽母通常是指金剛亥母，身紅色，一面二臂。

若能毫無貪執地將自己的身體做佈施供養的話，可同時圓滿成就福德和智慧二資糧。如果你對五蘊色身沒有任何貪執，則人與非人等絕對無法傷害你，更不會被詛咒、謾罵與五行相剋等所傷害。

平時若無法日修《捨身積福口訣》儀軌，則必須承諾每個月至少有一天要早、晚各修持一次，請如是謹記在心、認真實修。

【圖 3】顱器

ནད་གྲིབ་གྲིས་མི་ཚུགས་པའི་ཐབས།
預防邪病之法

觀修「預防邪病[1]」的方法，說明如下：

（1）平時自己可以觀修《護輪口訣[2]》。

（2）或者觀修《三字護輪[3]》【圖 4】，首先自觀全身為白骨骷髏，再觀想「嗡啊吽」三種字。從眉間放白光，發出白色「ཨོཾ 嗡」字形成的帳幕；喉間放紅光，發出紅色「ཨཱཿ 啊」字形成的帳幕；以及心間放藍光，發出藍色「ཧཱུྃ 吽」字形成的帳幕，如是「ཨོཾ་ཨཱཿཧཱུྃ། 嗡啊吽」三字形成帳幕的三層護輪。

（3）或者觀修《三勇猛護輪[4]》【圖 5】，觀想外器世界為白色四臂觀音，其心間藍色不動忿怒明王為內層所居地，以及觀自身為紅色金剛亥母於彼心間法基上，如是觀三層勇猛護輪。

還有晚上睡覺時，亦可先做「前行」─皈依發菩提心，「正行」，自觀為本尊，剎那間，觀想心間有綠度母，其大小可各隨己意，能救度眾生之病難，清除一切病魔與障礙；從綠度母身上發出綠色光，充滿自己全身從頭至腳底，隨之如是觀想直至入眠。早上睡醒時，尚未與人說話前，亦做此觀，如此可防止邪病的發生。

1 邪病：指風邪或邪術引起的疾病。
2 見附錄儀軌（四）《護輪口訣》P.143。
3 見【圖 4】三字護輪 P. 31，及附錄儀軌（五）《三字護輪》P.146。
4 見【圖 5】三勇猛護輪 P. 32，及附錄儀軌（六）《三勇猛護輪》P.150。

【圖 4】三字護輪

【圖 5】三勇猛護輪

四臂觀音

不動明王

金剛亥母

ནད་བརྒྱ་སྨན་གཅིག།

百病一藥

觀修時，首先要「觀修身空」是很重要的。若是陳年疾病的話，要觀修身空二十一天；若是已持續幾個月的病，則觀修身空三天；若是突發性急病，就觀修身空約一座[1]的時間。

先做「前行」—皈依發菩提心，「正行」說明如下：

（1）自觀為本尊，觀修身空，觀想諸病聚集在一處，再集中於腹部。然後，於有病痛之處觀想一寸大小的上師，從上師身上燃起智慧火，大小如藤鞭，火苗尖往下，由肛門出，直至地底下，心專注於火苗尖作觀想[2]，則可以順利治好病。如是觀修也可以治療返風[3]、咽喉痰塞、熱病和寒熱混合性所引起的諸病症等，故說此是「百病一藥」的觀想方法。

（2）若是初期的熱性病，於臍下四指之三脈匯集處，觀想自己殊勝的上師為白色身，坐於月輪上。

（3）若是寒性病的話，則於臍下四指之三脈匯集處，觀想上師為紅色身，坐於日輪上。

（4）若是痰病的話，則於臍下四指之三脈匯集處，觀想上師坐在人的屍體上，如是能治痰病，亦可增長實修功德。

1　一座：指約吃一頓飯的時間。

2　心專注於火苗尖作觀想：一般火焰是往上升，但觀修時卻相反，不要觀想火苗向上跑，而應觀想火苗尖往下進入地深處，直至無念時安住於大手印境界。

3　返風：逆氣，沖逆之氣。指五臟六腑之氣逆行不順的病症，如氣喘、嘔吐、打嗝等。

1 རླུང་ནད་ལ་དམིགས་པ། 觀修治風病

治風病，有返風之因與觀修治風病的方法。

一、返風之因，分為遠因與近因兩種。

（1）遠因，是修行者達到徹底禪定，會引發出前世之惡業果報。《阿莫嘎巴夏[1]》中提到：「當修行獲得成就時，可斷除業力。」即此意。

（2）近因，則是觀想所緣專注點過高、坐的姿勢不正確造成駝背、心集中過緊、不能控制雜念、或有費力爬上坡之感覺等原因，所造成氣往上跑，這些都會引起風病。

得風病者，會神智不清、口渴、想走動、心情變亂和初夜睡不好。若有惡業者則會看到龍、鬼、魔等不同的影像或聽到各種不同的聲音；而有善業者則會見到諸佛菩薩現前，還會有種種高低層次不同覺受之境界。

二、觀修「治風病」的方法，要食用有營養與熱性的食物，但禁食腐爛的肉與具有苦味的食物。首先應做「前行」—皈依發菩提心，「正行」說明如下：

（1）觀修時，要在安靜處，放鬆、跏趺坐於墊上，手掌放在大腿上，腰挺直，頭仰起，不管閉眼或睜開眼，只要能專注觀想即可[2]【圖 6】。然後，於臍下四指處觀想有一寸大小的

1 怙主 吉天頌恭的法藏裡所提到的《阿莫嘎巴夏》，是梵文，即藏文的དོན་ཡོད་ཞགས་པའི་རྒྱུད། ，是指《不空羂索續》。

2 治風病（A）坐姿可見【圖 6】P. 35。坐姿主要以自然、舒適為原則。

上師，從上師身上發出金黃色光化成九股金剛杵[3]【圖 7】，粗細如自己的腰，很重地樣子由尾椎出，鑽入地下無盡空處。

如是不散亂地觀修長時間，專心不生妄念等煩惱，觀得清楚的話就安住於明境中，切莫觀想自己的身體。

（2）或觀想上師身上燃起智慧火，火苗尖往下，由尾椎出，直至地底下，心要專注於火苗尖作觀想是很重要的。

（3）若感覺疲累時或病較嚴重的話，可將床頭之枕頭墊高，背靠著斜躺，腳放開伸直，兩手隨意放在大腿上，依然專心作如上述之觀想[4]【圖 8】治風病（B）。

（4）可用陳舊的酥油與動物的脂肪油塗抹腳底，再從地下三尋[5]處挖取一塊大小約四指[6]、厚度約四指的石頭，將石頭加熱後放在腳底下按摩。

【圖 6】治風病（A）

3　九股金剛杵：見【圖7】P. 36。
4　治風病（B）坐姿可見【圖 8】P. 36。
5　一尋：藏名「董康」，指平伸兩臂之長度，又稱「一庹」，見附錄【圖 21】P. 154。
6　一指：藏名「梭康」，即一食指的寬度，相當於半寸。四指，藏名「梭喜」，約兩寸大小，見附錄【圖 29】P. 158。

【圖 7】九股金剛杵

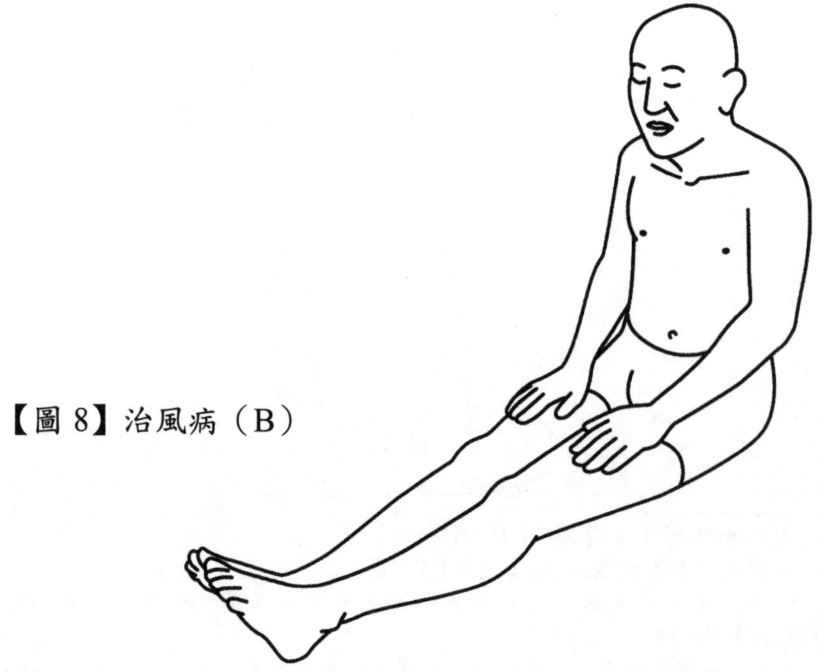

【圖 8】治風病（B）

2 མཁྲིས་པའི་ནད་ལ་དམིགས་པ།

觀修治膽病

觀修「治膽病[1]」的方法如下：

（1）首先做「前行」－皈依發菩提心，如前已述。

（2）「正行」，先觀修身空七天之後，再觀想身體內充滿冰涼的水，後觀冰涼水如流水般不斷地排出體外[2]。

1　膽病：膽位於肝臟右葉的下方。因肝氣有餘、濕熱蘊膽、膽氣虛怯或猝受驚恐所致，有寒熱虛實之分。而肝氣與七情也有密切關係，故膽病多有脅痛及神志精神方面癥狀。

2　書上未具體說明水從何處降下來，依努巴仁波切的理解：可以在頂輪觀想上師，並祈求上師之後，從上師身上流出很多白色冰涼的甘露進入自己體內，其觀想可參考修持金剛薩埵的觀修方法。因為膽病大部分是熱性症病，如是觀想冰涼的甘露則可清除膽病。目前大家都是在觀修實踐當中，如何觀修應選擇對自己比較有益處的方法。

3 བད་ཀན་གྱི་ནད་ལ་དམིགས་པ།

觀修治痰病

觀修「治痰病[1]」的方法，首先做「前行」—皈依發菩提心，「正行」說明如下：

（1）觀修身空七天後，觀痰病的體性是訶梨勒[2]。

（2）在胸部與胃正上方的橫膈膜處產生病痛，有時會脹氣發出咕嚕聲響不舒服，也會有疼痛的感覺。得此痰病應身做跏趺坐，於自己胃的中間或脊椎，觀想鐵做的五股或九股金剛杵，杵臍有黑色「ཧཱུྃ 吽」字；然後，在胃裡面觀想金剛杵攪動，將那些因痰病在胃壁所結成一層黏稠似硬殼的痰液刮下來，再用力咳嗽將這黏濃的痰液咳出來，此是「如搖櫓般之口訣」。

（3）若有痰病之魔障，應觀修七天的身空，於身空中觀想挺直的三脈[3]，將痰病的體性觀想為「ཨ 阿」字[4]。

1　痰病：見 P. 23 註解（4），藏名「བད་ཀན། 培根」，譯為涎分疾病或涎液病，指氣管、支氣管或肺泡黏膜分泌出來的黏液。分寒性、熱性兩種，主要是指胃的消化功能衰退，因為不能消化食物而造成的疾病。

2　「訶梨勒」：見 P. 25 註解（7）。觀痰病的體性是訶梨勒，其作用是將疾病轉化成藥來看待，則效果就不一樣了。

3　三脈：一般指藍色中脈（藏名：烏瑪）、白色左脈（藏名：江瑪）與紅色右脈（藏名：柔瑪）。

4　此處可觀想為藍色「阿」字，表空性之意。另外，因為已觀想出三個脈了，故也可以在中脈觀想一個藍色「阿」字，左脈觀想一個白色「阿」字，而右脈觀想一個紅色「阿」字。仁波切特別提點一件事：治病的方法是有多樣性的觀修，因為每個行者的根器和相應的程度不同，故應根據每一個行者從各種方法實修中視個人體會的境界而定，來選擇哪一個對病情最有效的方法做觀修。

4 བད་ཀན་སྨུག་པོར་དམིགས་པ།

觀修治潰瘍病

觀修「治潰瘍病[1]」的方法，要食用寒性的食物。

（1）先做「前行」──皈依發菩提心。

（2）「正行」，於心間觀想上師身上流出純淨、極清涼的智慧甘露，充滿自己身體內。然後，觀想所有病痛由肛門流出，如是可消除此病症。

1 據《藏漢大字典》載，潰瘍病，直譯為涎液淤紫。依疾病顏色不同，對於眾毒雜合病症所命之名。風病色青，膽病色黃，涎病色灰，血病色赤，黃水病色紫黃。三毒合病，病色淤紫，如各種潰瘍等。依西醫病理學則云，潰瘍病亦稱慢性消化性潰瘍（*chronic peptic ulcer*），是胃潰瘍和十二指腸潰瘍的總稱。

5 བད་ཀན་མིད་འཆུས་ཀྱི་དམིགས་པ།

觀修治咽喉痰塞

引起「咽喉痰塞[1]」的原因，是胃裡的熱力衰敗、不能消化食物、有強烈的貪求物慾，以及對財產執著和嫉妒朋友等等諸因。此病有喉嚨堵塞、吃不下東西之感覺，嚴重的話甚至有生命危險，屬於一種業障病，必須做懺悔，多累積福德資糧。

觀修「治咽喉痰塞」的方法，身結跏趺坐，先做「前行」—皈依發菩提心，「正行」說明如下：

（1）觀想於肛門有一倒立的深藍色「ཧཱུྃ吽」字，燃起火，火苗尖向下，專心持氣，同時觀想血液亦往下走。

（2）分兩個階段觀修，早上時，於喉間觀想上師或觀想金黃色金剛杵；下午，則於尾椎處觀想倒立的紅色「ཧཱུྃ吽」字，燃起火，往下由尾椎出，直至地底下，心專注於火苗尖觀想。

（3）或於密處觀想一寸大小的上師，從上師心間出現五股金剛杵〔大小不拘〕，往下進入很深的地底下，心專注於金剛杵作觀想。

咽喉痰塞會引起食慾不振，覺得任何食物都不好吃，以致體力衰弱，此皆因無法消化食物、胃的熱力衰敗之故。病者若吐白沫則難治癒矣，此時病者應於臍下四指處觀想有一拳頭大小的火，如是可以開胃幫助食物消化。首先要將九種有營養的食物磨成粉，再和著青稞酒一起吃，之後慢慢地才能吃其他的東西，如此有助消化食物，令身體恢復。

1　咽喉痰塞：由於胃脘（近心窩處）、胸部和肺部之津邪增多，津邪之病氣凝結於氣管、食道，致使食道扭擰瘀塞，繼而發展為吞嚥困難、體力喪失。

6 མ་ཞུ་བ་ལ་འཁྲུལ་འཁོར་དང་དམིགས་པ།

觀修幻輪治消化不良

若吃了食物而造成消化不良時，身結跏趺坐，兩手放在膝上，於臍下四指處先觀想燃起四指大小的智慧火，心專注於火。然後，稍微持氣下壓，身體做轉腰之搖動，即上身與下身分別像上、下的磨石互相左右搖轉，如是稱之為「壓氣轉腰幻輪[1]」【圖 9】。

觀修「治消化不良」的方法，禁食酸、鹹、辣和腐爛的食物，要調和食物的寒、熱性，不可吃太寒性或太熱性的東西。首先做「前行」－皈依發菩提心，「正行」說明如下：

（1）觀修身空的最好時機是太陽未出來前之黎明時分，在胃裡觀想很清楚明亮的上師，大小如大拇指，如是觀想會出現各種暖烘烘、涼涼的，或舒服、劇痛，或想吐、脹瀉等不同的感覺。若有吐的現象，就表示對病況有幫助；後來，如果吐得越來越多就會拉肚子，此時就要觀想從上師身上流出白色的智慧甘露水，由肛門出至地底下三尋之外。若有拉肚子或從肛門排氣，這樣對消化不良之病症是有幫助的。當病症尚未痊癒，仍常排氣的話，是在清淨氣脈，也是好現象，如是可治消化不良之病症。

（2）然後，再一次做「前行」皈依發心，自觀為本尊，觀修身空，於臍下四指處再觀想有如雞蛋或如中拳大小的智慧拙火，如同燒紅的赤鐵般。經常如此觀想，可助食物消化，增加食慾，身體自然會變好，故須認真觀修之。

1　見【圖 9】壓氣轉腰幻輪 P. 42。

【圖 9】壓氣轉腰幻輪

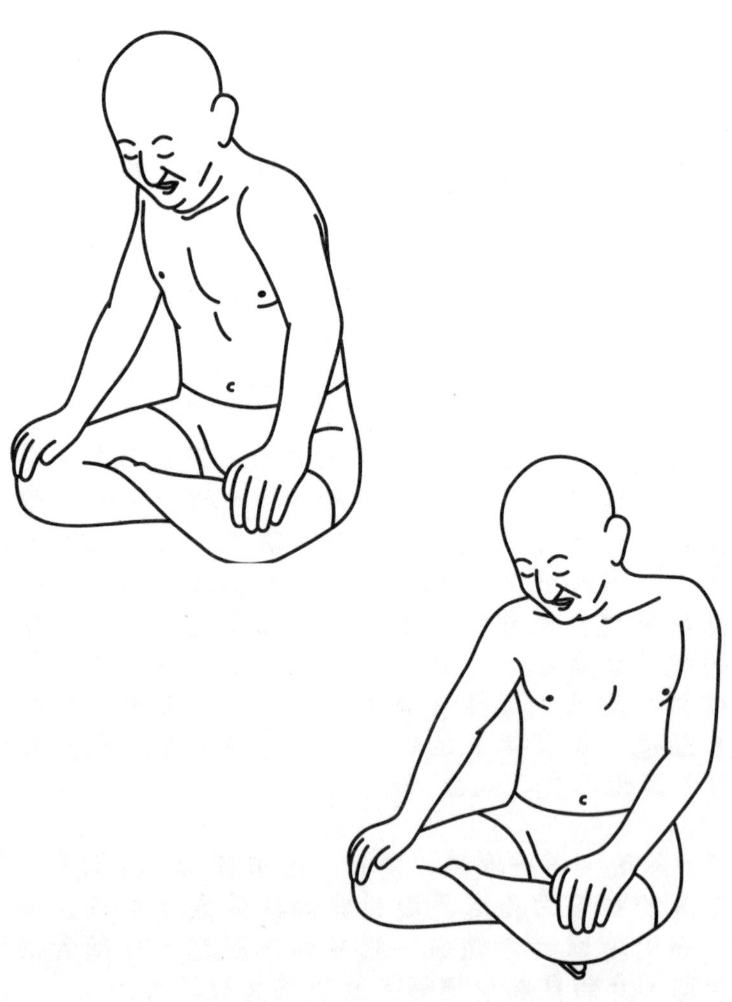

7 སྐྲན་ནད་ལ་དམིགས་པ།

觀修治腫瘤病

觀修「治腫瘤病[1]」的方法，生活作息與寒、熱性食物都要調和。首先做「前行」－皈依發菩提心，「正行」說明如下：

（1）若有腫瘤病障礙的話，在所生腫瘤的地方，觀想腫瘤大小如大拇指，並唸誦加持食物的咒語：「嗡 美薩美薩吽 沙柏扎雅呸 渣他渣他 薩瑪雅咕嚕 噶惹咋惹雅 呸」，或者唸誦「嗡 美美薩吽 渣喋 薩瑪雅咕 噶惹咋惹雅 梭哈」，然後，對所吃的食物吹氣加持之。

（2）在腫瘤的中央，觀想上師或白色觀世音菩薩身體燃起火，燒掉腫瘤。或者在腫瘤裡，觀想暗紅色「ཧཱུྃ 吽」字燃起智慧火，燒掉腫瘤。此觀想法亦可治「癰疽[2]」病症。

（3）剛開始觀想時間要短，次數也不要太多，配合中間無相無念的禪定時間要長，慢慢地再適當增加觀想時間。不要一開始就做過於猛烈的觀想，以免造成腫瘤有擴散之虞，而有生命的危險，故應視病況做適度的觀修，或者應做其他觀想方法，這是很重要的。

（4）若病況惡化了，則要做其他觀想，譬如觀修大手印。

（5）若要徹底斷除此病，應累積資糧。

1　腫瘤（*tumor*）：在致病因素作用下，生物體組織細胞異常增生所形成的新生物，分良、惡性兩類。腫瘤病，又稱「痞塊病」，痞塊（a *lump in the abdomen*）：泛指腹內腫塊，即肚子裡可以摸得到的硬塊，是脾臟腫大引起的，也叫“痞積”。

2　癰疽（ㄩㄥ ㄐㄩ）（yōng jū）：指一種毒瘡、瘡癤。毒瘡，可能是皮膚的毛囊和皮脂腺成群受細菌感染所致的化膿性發炎。見 P.80 － 觀修治癰疽。

[8] དམུ་ཆུ་ལ་འཁྲུལ་འཁོར་དང་དམིགས་པ།
觀修幻輪治腎型水腫

「腎型水腫[1]」分病因、病症、治療方法和斷病根等四部分。

第一、病因，有遠因和近因兩種。

（1）遠因，是無始以來所造的諸惡業。

（2）近因，分別是寒病所引起、長期住在濕氣重的地方、有地神病魔的障礙、憋尿、或者尿無法完全排出而造成有剩餘的尿水累積在脈內等諸因。

特別對大修行者來說，明點流失時，為了將明點導引回來，而作太多的防護開口幻輪[2]，會導致氣返回往上走，易造成大、小便不通，若經過三年之後，身上就會出現水泡。怙主 吉天頌恭說，他也是三年之後才發現身體背部出現水泡。有一天，他感到身體稍微不舒服，他有一位名為“色貢”的侍者，見其背部長了水泡，就說這是一種風竅[3]的病症。後來，怙主的病況日益嚴重，經過九個月，幾乎差點死掉。這時他突然聽到不知是上師 帕摩竹巴或是佛菩薩，在色康[4]的空中傳來聲音云：「水腫之因，乃剩餘尿水累積，透過氣息之密法，修習金剛羅剎法[5]，一切病症能清除。」

---

1 水腫（*edema; oedema*）：細胞間因液體積聚而引發的局部或全身性的腫脹，乃小便不通引起來的水腫。腎型水腫，即魔水鼓，是天龍八部中很凶猛殘暴的水腫鬼，所散佈於臟腑內外的一種殘暴的水病。

2 防護開口幻輪：是指雙手向左右伸直，雙腳左右張開站立，然後左右轉腰搖動之動作。

3 風竅：又名穴竅、氣穴，是人體臟腑經絡氣血輸注出入的處所。

4 色康：指在西藏直貢噶舉祖寺「直貢梯寺」的金殿。

5 金剛羅剎：乃治病之密號，指肛門。金剛羅剎法是指一種觀修的姿勢。

怙主問了其他弟子，但他們都沒有聽到聲音，因此怙主認為這也許是自己的心意所顯現。

於是，當天晚上他墊高枕頭做「排水幻輪[6]」後，就很順利地排出約有五大藏升[7]碗的剩餘尿水。五天之後，他就完全清淨身體而康復了。

《徹底斷苦口訣》有云，若四大不調合，氣會不安定，因為氣常亂竄而不自在，飲食就不能消化，剩餘糞便囤積於大腸的角落，造成尿道阻塞，常想尿又尿不出來，就好像池水不通時，就會從上面溢出來一樣。如是尿道堵住了，尿水排不出去，因此之故，積留在體內的尿水會跑進氣脈裡，造成尾脊骨等的風竅都腫起來，就會造成腎型水腫病。

第二、症狀，是食物不能消化，喝了水也不能小便，在腳背、臍下、眼瞼和尾脊骨等的風竅都腫起來，身體因而變得虛弱。

第三、觀修「治腎型水腫」治療方法的步驟：

（一）飲食：禁食腐爛、酸、鹹和寒性等食物，應吃有營養和熱性的食物。還需要具有同情心或熟悉的人來照顧，可令病者感到比較方便與安心。

（二）先做「前行」－皈依發菩提心，「正行」說明如下：

（1）自觀為本尊，觀修身空，心中憶念殊勝的上師。

6　見【圖10】排水幻輪（A）P. 48、【圖11】排水幻輪（B）P. 49。
7　藏升：西藏容量單位名，約可盛青稞市制一斤又二、三兩。

（2）做「排水幻輪（A）」，睡覺時，先準備較軟的墊子，枕頭墊高，以及一個舒適的床鋪。注意身體不能受寒，腳不能吹到風，絕對不能光腳。因為水腫，故不能用黑色的墊子，而要用白色或其他顏色的皮墊子。將枕頭墊高，雙腳伸直出去，然後把腳縮回一點，兩腳大拇趾相對，後腳跟向外，兩手稍微拉雙腳的大拇趾[8]【圖 10】（如此會有張開肛門的感覺）。

（3）於臍下四指之三脈匯集處，觀想殊勝上師的身上燃起智慧火，火往下從密處與肛門之中間[9]出去，直至地下三十五尋之處，然後再稍微壓下氣，由肛門排氣出去，觀想火時，心要專注於火苗尖。若觀想尿水從密處出，則會流失明點；若觀想從肛門出，就會瀉得很厲害而惡化；所以心要專注於密處與肛門之間觀想，如此大、小便混合會從肛門很順利地排出。若是排太多的話，會有生命危險，這時要稍微提氣一、兩次，然後作前面所述「排水幻輪（A）」之觀想，就可以順利排出尿水。

（4）可作另一種「排水幻輪（B）」，身體仰臥，兩腳用力伸直，然後腳再縮回來約一寸，兩腳大拇趾相對，而後腳跟向外，兩手放在屁股與大腿相接處向上拉起[10]【圖 11】（如此會有一種把肛門拉開的感覺）。於臍下四指之三脈匯集處，觀想上師身上燃起智慧火，大小如其手肘，由肛門出，慢慢地，直至地下七尋之處。

（5）若無法觀想火苗進入地下，則唸誦觀空咒：
「嗡 梭巴瓦 修達 薩爾瓦 達爾瑪 梭巴瓦 修朵 杭」，觀想火苗尖有一個很重的黃金做的十字金剛杵。

8 見【圖 10】排水幻輪（A）P. 48。
9 密處與肛門之中間：是指「會陰」處，藏名「趣香」。
10 見【圖 11】排水幻輪（B）P. 49。

(6) 若沒有具格的上師，則自觀為本尊、或本尊的種子字、或手幟、或部主[11]，再做上述火苗之觀想。

(7) 若未受過本尊灌頂者，可觀想自身轉化為觀世音菩薩等，再做上述部主和火苗之觀想。

(8) 調氣的口訣，首先從鼻孔慢慢吸氣到心間，暫停一會再吸到胃，然後到肛門，此時大、小便會從肛門排出，如是可淨除水腫。〔應觀想於密處和肛門之中間，因為若觀想於肛門會瀉得很厲害，若觀想於密處則會流失明點。〕若大、小便從肛門瀉出來的話，雖然尿水瀉出來了，並不表示完全治好，所以身體要挺直坐正，做「排水幻輪」，屁股下放軟墊子，後方要墊高，兩腳之間放任何一種容器，然後觀想肛門，慢慢地氣往下壓，尿水就會從密處排出，如是可清淨此病。

第四、斷病根。若「排水幻輪」做不好而有剩餘尿水的話，會有斷手指和腳趾的危險。病好了之後，仍要做上述的幻輪觀想持續一個多月，也要觀修大手印一個多月，這是很重要的。如果觀修太短期，雖然尿水通了，但脈裡還有剩餘尿水尚滯留的話，則病會復發。若病好了，仍要盡力觀想強烈的慈悲心，這可以對實修有幫助與增長功德。於早上氣脈尚未紛擾時，觀修菩提心是很重要，這是很好的緣起，故應很努力的觀修，並注意飲食。還要注意身體不能受寒，禁食寒性的食物，絕對不能赤腳，如是乃為治腎型水腫的方法。

11 如果本尊是「四臂觀音」作為例子，種子字則是「ཧྲཱིཿ啥」字、手幟是「本尊手上拿的念珠與蓮花」、部主是「阿彌陀佛」。

【圖 10】排水幻輪（A）

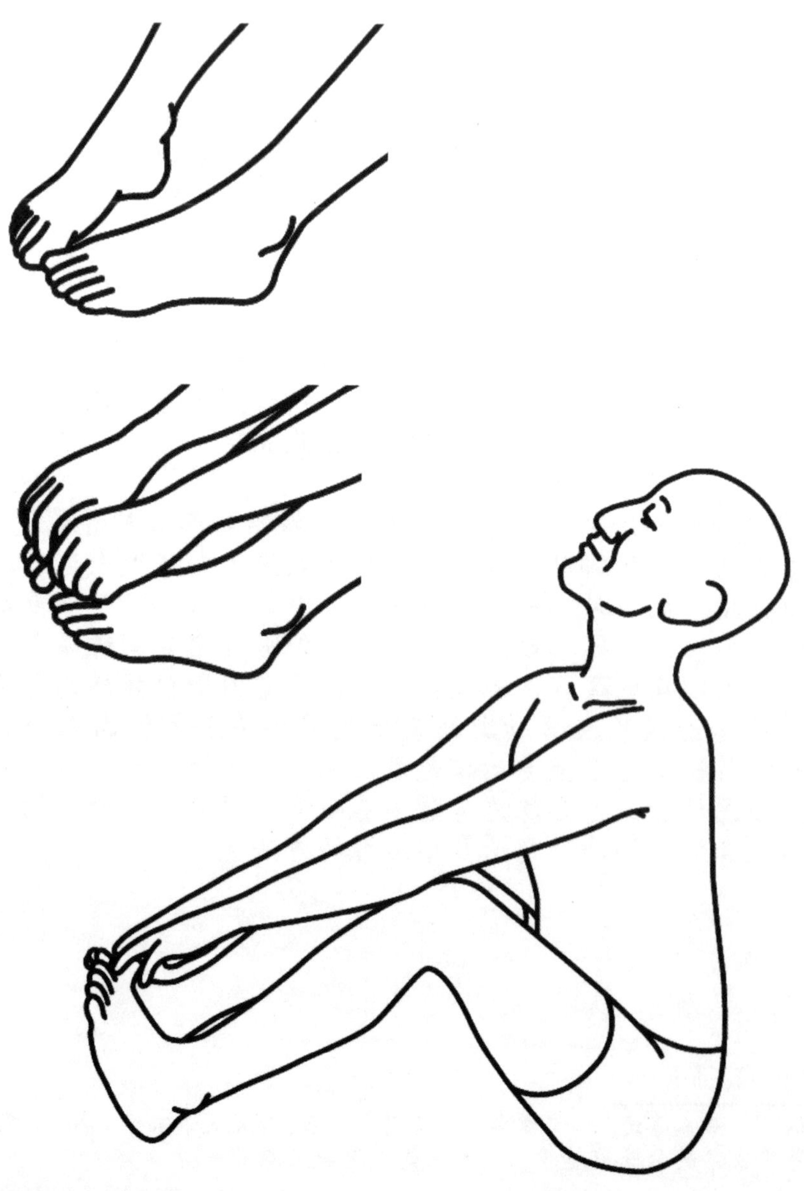

【圖 11】排水幻輪（B）

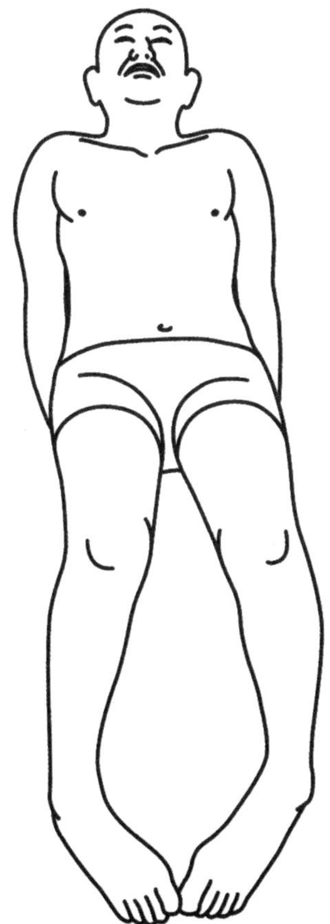

9 ཚད་པ་གསར་པ་དང་རོ་སྟོད་ན་བ་གློ་ཆམ་བཅས་ལ་དམིགས་པ།

觀修治初期發燒、背痛、感冒

觀修「治熱病」的方法，首先做「前行」—皈依發菩提心，「正行」，自觀為本尊，觀修身空幾天，可分三個階段說明如下：

一、初期發燒之階段：

（1）治初期發燒、背痛、感冒[1]等病，首先於肛門觀空，再觀想肛門上有白色八瓣蓮花，向下倒垂，如傘一樣，充滿清涼感，如是有幫助可退熱之效果。

（2）因感冒等引起的初期發燒，應注意自己的生活飲食起居。首先觀修身空的時間要長，再觀想肚子裡出現白色五瓣蓮花，向下倒垂，大小如碗，由肛門出，再進入地下一尋之處，如是可治初期發燒。

（3）自觀為本尊，觀修身空，於心間觀想殊勝上師如同裝滿牛奶的皮袋，從上師身上流出如牛奶般白色甘露水，全身充滿清涼感；然後，放下氣，心專注於下身，如是可治熱性病。

二、病完全成熟時之轉折關鍵[2]階段：

（1）當舌頭變白又有豎裂紋、身體變冷發抖、頭痛欲裂、或關節劇痛時，這是病的轉折關鍵。此時要在天未亮之前，去取瀑布急流的水，不可放在黑色的容器裡，可以讓病人知道此情形也沒關係。

1 感冒（*common cold*）：即傷風，由病毒、混合感染或突變反應引起的上呼吸道卡他性疾病；表現為鼻塞、流涕、打噴嚏、咳嗽、咽部不適及畏寒、冷熱等局部和全身症狀。

2 轉折關鍵：其意為如熱病轉症好轉的緊要時分。

（2）然後，自觀為本尊，為了觀想更穩定，要唸誦「六字大明咒」一百零八遍，再觀想剛取回之水等同是從觀世音菩薩身上流出白色智慧甘露水。用乾淨的杓子先舀動三次取回之水，然後，讓病者喝一、三或五碗水後，再多穿衣服保暖，但不可以穿黑色的衣服。剛開始病者喝冷水會發抖，但水吸收消化後會發汗。若是年輕人可多作幾次，但年紀大者可能會引起寒病，故應注意適量，這是用水緣起法則治病，亦可以用冰片來代替水治病。因為是轉折關鍵的時刻，要特別注意食物，此時要喝加了酥油的水或喝骨頭湯[3]等對風病有益的食物，由是可治嚴重的發燒。

三、已發燒很久之階段：

（1）若發燒很久成為痼疾時，應多觀想身空，則病無立足自主之地。因為已經發燒很久，所有暑熱都分散在血脈裡，則應觀想所有的暑熱都集中於臍下四指處。當感到劇痛難忍時，必須立刻心專注於臍下，並將病痛的體性觀想為五指拳[4]大小的紅色金剛瑜伽母[5]，其身體燃起火，如河水般往下流出，直至地下三、四尋處，心專注於火苗尖觀想。由是觀想之故，會有拉肚子及放臭氣現象，即表示排出了體內肌肉與五臟裡的病痛。

（2）有時可觀想脊柱像中空的笛子，裡面生起火往下燃，由尾椎出，直至地下三、四尋處，如此骨、骨髓和筋等裡面的病痛都可排出來。由是持續觀修幾天，可完全清淨所有的發燒等病。

3　骨頭湯：指富含骨髓的腳踝骨、背骨、尾椎骨三處之骨頭熬煮的湯。

4　五指拳：藏名「企康」，即四指並屈，伸拇指微露箕斗紋壓於食指中節所得長度。相當於五指並列的寬度，見附錄【圖 26】P. 157。

5　金剛瑜伽母與金剛亥母的本質是一樣的，只是身體姿勢有所不同，金剛瑜伽母的雙腳是站立於地上的，而金剛亥母則是左腳站立，右腳曲彎懸空之姿勢。

（3）傳染病所引起的發燒，若無法治療時，則於臍下四指處觀想白色大悲觀世音菩薩，發出非常清涼的光，有如藏曆新年〔冬季〕時節的水，既透明又冰涼之特質，如是可治好發燒。同時自己要注意適當飲食起居的生活。

10 འཁྲུགས་པ་ལ་དམིགས་པ།

觀修治身體失調

觀修「治身體失調」的方法，身結跏趺坐。

（1）首先做「前行」—皈依發菩提心。

（2）「正行」，則觀修身空，身體就可以恢復調和了。

11 གཉན་ནད་ལ་དམིགས་པ།

觀修治瘟毒

觀修「治瘟毒[1]」的方法，切勿提及此病的名稱[2]，且須禁食三白[3]和三甘[4]的食物。首先做「前行」—皈依發菩提心，「正行」說明如下：

（1）瘟毒之病會直接進入心臟，故應先在自己心間，觀想殊勝上師的身上燃起熊熊的智慧火，燃燒病痛處，燒掉所有的罪障與病苦。

（2）若病況很嚴重的話，則於心間觀想上師的身上燃起智慧火，充滿自己全身，然後，觀想火苗尖從病痛之處竄出，約一卡[5]長。

另外，可觀想喉嚨有火照耀著，但不可以觀想火苗往上升高，如是能治喉嚨病。

1 瘟毒：是一種感染性的傳染病，又稱癘病、疫癘，是瘟神放出之蟲和人身固有的先天蟲二者引起的烈性病名。有十八種瘟毒，包括痘瘡、腸炎、喉蛾、疔毒、劇痛等病，及頭痛、眼病與耳聾都是屬於瘟毒症。

2 瘟毒：因有病魔之障礙，若提及病名會引起病魔之不悅，故最好不要提及此病名。

3 三白：指牛奶、乳酪、奶油。

4 三甘：指紅糖（黑糖）、冰糖（白糖）、蜂蜜。

5 一卡：藏名「拓康」，為一小卡，乃大拇指尖至食指尖伸開的寬度。見附錄【圖 25】P. 156。

12 འབྲུམ་ནད་ལ་དམིགས་པ།

觀修治痘瘡

痘瘡[1]的病症，如同因熱性病所引起上身疼痛一樣，應禁食太營養和熱性的食物，而要喝涼水加糌粑混合的食物。

觀修「治痘瘡」的方法，首先做「前行」—皈依發菩提心，「正行」說明如下：

(1) 痘瘡尚未發出來或未破裂時，應在身體的前、後、左、右四個方向觀想本尊逐漸擴大。

(2) 若痘瘡陷入體內時，則在心間觀想上師身上放無量光，從自己的毛細孔放射出去，而痘瘡如煙飄走。

(3) 若痘瘡上出現黑頭點，就表示好轉了，此時要開始吃有營養的東西。

這個痘瘡是屬於魔障病，是很恐怖的，除了觀修法之外，並沒有其他方法可對治此病的。

另外，怙主　吉天頌恭在世時的觀修方法如下：

(A) 自觀為本尊，觀修身空，觀想自身在前、後、左、右四個方向，逐漸地一卡、一卡的變得愈來愈粗。

(B) 或自觀為本尊，觀修身空，觀想所有痘瘡上面散出如燒香所飄的灰白煙霧。

怙主 吉天頌恭云：「此觀修方法對治痘瘡最為殊勝。」

1　痘瘡：通常是由球狀病毒引起的一種病毒性傳染病，就像豆子大小的膿疱，好發於全身。

13 རྒྱུ་གཟེར་ལ་དམིགས་པ།

觀修治腸炎

腸炎，有劇痛與微痛兩種。觀修治此病，首先做「前行」—皈依發菩提心，「正行」說明如下：

一、觀修「治劇痛腸炎」的方法，要觀想外白內紅的中脈，粗細如射箭用的竹箭，中脈之尖端直至頭頂梵穴[1]，尾端至金剛摩尼寶處[2]，如是觀想會有便血的現象。

二、觀修「治微痛腸炎」與「治肝病」的方法，需禁食有營養的食物。

（1）在疼痛處觀想殊勝的上師，大小如大拇指。若疼痛會移動時，觀想上師也要隨著疼痛而移動。

（2）若是有證量的修行者，應把病痛之體性觀想為殊勝的上師。

（3）若刺痛變小一點，集中於一處，則於臍下四指之三脈匯集處觀想上師，從上師身上燃起智慧火，火苗往下，從肛門出，直至地底下，心專注於火苗尖作觀想。

（4）若心不能得力專注於火的觀想，可改變觀想從一寸大小的上師身上流出智慧甘露水，由肛門流出至地底下，延伸至極遠處。

若是「寒症所引起頭痛」的患者，也可以用此觀修法來對治。

1　頭頂梵穴：指頂輪。

2　金剛摩尼寶處：指密處。

三、劇痛與微痛的腸炎，若出現障礙時，應觀想外白內紅的中脈，大小如射箭用的竹箭，中脈之上端到達頭頂梵穴，尾端至金剛摩尼寶處；而左、右二脈則從上方折反向下，彎至兩鼻孔，如是觀想會有拉肚子與便血的現象。

14 གག་ལྷོག་གཟེར་གསུམ་ལ་དམིགས་པ་དང་འཁྲུལ་འཁོར།

觀修幻輪治喉蛾、疔毒、刺痛三病

喉蛾[1]、疔毒[2]及刺痛[3]三病症之病痛都會跑到心臟，故首先要在心間觀想上師，如此才可以控制病情。若病痛會移動的話，就在移動之痛處觀想上師身上燃起智慧火，燒掉喉嚨的病，然後，火苗尖鉤住病痛往下走，由肛門出去。如果觀想火苗從喉間往上走的話，易造成風息逆行往上走，則生命會有危險，怙主 吉天頌恭如是云。

觀修治喉蛾、疔毒及刺痛三病的方法，首先做「前行」—皈依發菩提心。一般治療來說，觀修治病的禪定如國王，咒語如百姓，正行觀修是在心間觀想上師，這是治病的藥方。「正行」，自觀為本尊，觀修身空，分別說明如下：

一、觀修「治喉蛾」的方法：喉蛾，是從喉嚨中發生的，若不觀修治病的話，會有生命危險，故知觀修治療法是很重要的。

（1）依感覺而視喉嚨中所出現多少數量的水痘，就觀想多少數量的大悲觀世音菩薩，大小如水痘，其身上流出濃濃的白色智慧甘露水，充滿喉嚨如裝滿酸奶的桶子。

（2）有時也可以觀想喉嚨中充滿白色光。可任選一種觀修法，怙主 吉天頌恭如是云。

---

1 喉蛾：又名乳蛾，指喉嚨突然腫脹，飲食受阻的病症，患處很像蠶蛾，故稱之。

2 疔毒（*malignant boil；furuncle*）：又名疵瘡，症狀發展到很嚴重地步的疔瘡。因其形小，根深，堅硬如釘狀，故名之。多因飲食不節，外感風邪火毒及四時不正之氣而發。

3 刺痛：中醫學名稱，指疼痛如針刺之狀，是淤血致痛的特徵之一。刺痛以胸脅脘腹等處較為常見，多係血淤所致。

二、觀修「治疔毒」的方法，首先守護心臟是很重要的，就好比是守護京城的大門。

（1）於心間觀想上師坐在蓮花上，身體燃起火，燒掉一點一點的疔毒後，濃濃的病毒流出來，火苗尖往下，由肛門出去，心專注於火苗尖觀想。若頭部有疔毒的話，則可做前述觀想來對治，但觀想火苗上升至喉嚨時就勾往下走，不用觀火至頭上。

（2）有時也可以觀想火一直圍繞著疔毒燃燒。可任選一種觀修之，怙主　吉天頌恭如是云。

（3）疔毒，分寒性與熱性兩種。若是熱性疔毒的話，於己心間觀想藍綠色度母，從度母心間發出藍綠色光，在腫脹處觀想圓圓的藍綠色光，如是可清淨此病〔寒性疔毒亦可作此觀想〕。或者於心間觀想上師，身白色，在腫脹處觀想圓圓的白色光。

（4）若是寒性疔毒的話，於己心間觀想上師，從上師心間燃起智慧火，在腫脹處觀想圓圓的火，燒掉腫脹〔熱性疔毒則不可作此觀想〕。或者於心間觀想上師，身紅色，在腫脹處觀想圓形紅色火球。

（5）若疔毒腫脹處硬如石頭，又刺痛的話，就在痛處觀想日輪上有「ཪ 讓」字燃起火，把所有病痛燒挖出來，就像挖蔓菁[4]一樣，此稱為「如鑿挖般禪定」。

（6）若病痛處會移動，就好像冰塊般上下滑動時，要修持寶瓶氣，在疼痛處觀想「ཨ 阿」字或觀想上師，後觀如同夢幻般的水中月。

4　蔓菁：又名元根、蕪菁，一種塊根草本植物，類似蘿蔔的一種植物。

三、觀修「治刺痛」的「正行」方法：

（1）於刺痛處，觀想上師，大小如大拇指或如痛處。如果刺痛會移動，就在移動之痛處觀想上師，如是可清除刺痛。

（2）於刺痛的地方觀想上師，痛楚的面積範圍有多大，所觀想的上師也要多大，然後，觀上師如彩虹般自然消失。最後，不要馬上再觀想上師，而是要一直安住於慈心的境界中。

（3）若發生刺痛時，將意念轉移目標而專注於親友或牆壁或病痛，同時持寶瓶氣，此稱為「如火鐮取火般禪定」。

（4）若上身背痛緊繃得如綑綁狀時，要結金剛跏趺坐，身挺直，兩手放在膝蓋上撐起來，很用力吐氣，觀想病痛都呼出去，如是稱為「如母老虎吐幻輪[5]」【圖 12】。

（5）若上身的背部刺痛得如劇烈暴風時，要結金剛跏坐，將兩手掌抓住膝蓋，修持寶瓶氣，在疼痛處觀想鐵篩[6]，所有病痛都從鐵篩的細孔有如灰藍色的煙冒出來，此稱為「如細孔般禪定」。

（6）刺痛時，病魔會直接衝入心間，故應於心間觀想上師，其大小如痛處，不可觀大於或小於痛處，如是認真觀修。此時若刺痛會移動的話，則觀想上師不可以移動，這是「不移動觀想口訣」[7]。

5　見【圖 12】如母老虎吐幻輪 P. 61。如同修那洛六法之幻輪，用力吐氣，口發出大聲的「哈」、「哈」音。

6　鐵篩：指細網。

7　刺痛若會移動，有兩種觀修方法，一為「移動觀想口訣」如內文（1）所述；另一為「不移動觀想口訣」如（6）所述。

為了能讓病痛斷根，應於氣脈清新時的早晨，認真實修為要，特別是要觀修菩提心等五支道，如此病不復再發，亦可使實修功力更增上。

【圖 12】如母老虎吐幻輪

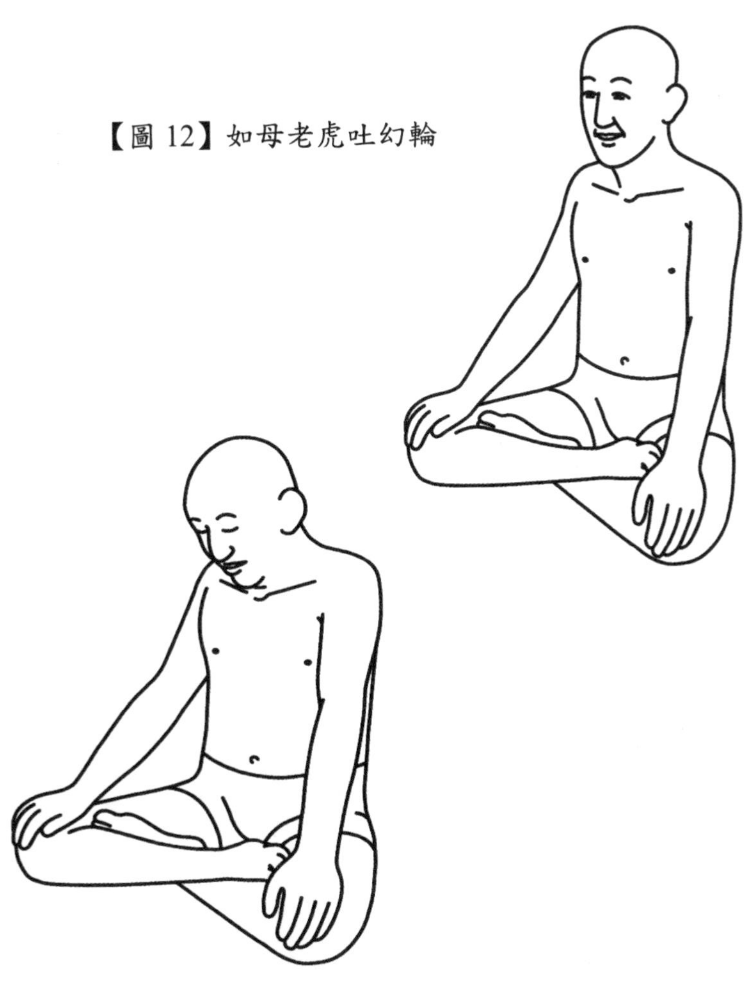

15 མགོ་ནད་ལ་དམིགས་པ།

觀修治頭痛

若是頭痛劇烈得彷彿要裂開般，而不知如何是好的時候，觀修「治頭痛」的方法如下：

（1）首先做「前行」—皈依發菩提心。

（2）「正行」，觀修身空，然後，於臍下四指處，觀想有一寸大小的大悲觀世音菩薩，發光，如是專心觀想，約一座的時間就有效果。

16 མིག་ནད་ལ་དམིགས་པ།

觀修治眼病

當自己有病痛時，要發願透過觀修自己所得的病，能淨除一切眾生的業障、煩惱障與所知障，如是憶念三次。做觀時，要明白所有觀修法之「前行」—皈依發菩提心皆同。

治療眼睛粘黏、無法張開的方法，要禁食腐敗、酸臭的食物，以及禁喝酸的、鹹的東西，應吃熱性、有營養的食物。注意不可以光腳，使身體受寒了。

觀修「治眼病」的方法，自觀本尊，觀修身空，「正行」說明如下：

（1）若得眼病、眼睛模糊看不清楚或疼痛的話，應在與眼病同方向的腳底上，觀想甫開的明淨白色蓮花。

（2）在胃裡或臍下四指之三脈匯集處，觀想上師身上燃起智慧火，如燒紅的熱鐵般，粗細如自己手腕大小，往下由肛門出，慢慢延伸至地下七尋之處，心專注於火苗尖觀想。若是觀不清楚仍要繼續觀下去，然後，不造作安住之。其他觀想亦如是。

（3）因為眼睛與膝蓋正後方[1]是有關係的。若兩個眼睛都痛的話，就在左、右的膝蓋正後方，觀想各有一個圓亮黝黑[2]的眼睛。若是痛得很嚴重，連太陽穴都痛麻了，就在與眼痛同方向的膝蓋正後方清楚地觀想圓亮黝黑的眼睛，如是專心觀修之故，可順利治好眼病。

1　膝蓋正後方：中醫稱此處名「委中穴」，屈腿時，膝關節後方也就是窩的位置出現橫紋，而橫紋的中點處即是委中穴，可對治目不明之功效。

2　指又圓又明亮、黑白分明的眼睛。

（4）或在膝蓋正後方，觀想有一倒立下垂的深藍色「ཧཱུྃ吽」字。

（5）或閉眼，在自己的眼珠後面，觀想有一圓亮黝黑的眼睛，眼病在哪一邊就做如是觀想，則會有效果的。

昏昏欲睡、不清醒時，觀想打開頭頂梵穴，意念專注於虛空，觀想所有病痛從頭頂梵穴如煙霧冒出來，此稱為「如打開天窗口訣」。

17 རྣ་བ་འོན་ན་དམིགས་པ།

觀修治耳聾

觀修「治耳病」的方法，先做「前行」—皈依發菩提心，「正行」，自觀為本尊，觀修身空，說明如下：

一、若耳聾時，應在耳洞裡觀想大悲觀世音菩薩。

二、若耳朵有各種病況的話，應禁食寒性的食物，要在耳洞裡觀想紅色的火；或者在兩個腳踝上，觀想各有一個白色法輪；或者觀修持寶瓶氣，如是可以有效治病。

三、耳聾、耳鳴和耳痛皆因為寒氣太重所引起的，而腎與耳朵是互為相關連的[1]，故應做如下之觀想：

（1）若兩個耳朵都痛的話，則觀想兩個腎臟都是如燒紅的熱鐵一般。

（2）若一個耳朵痛的話，就觀想與耳痛同一邊的腎臟，如燒紅的熱鐵一般，如是可徹底治療耳疾。

以上怙主　吉天頌恭如是云。

1　《素問•陰陽應象大論》提到「腎開竅於耳」，《靈樞•脈度篇》又指出：“腎氣通於耳，腎和則耳能聞五音矣。”耳爲腎之官，腎精足則聽覺聰靈，腎精虛則兩耳失聰。通過耳聽覺的變化，一般可以推斷腎氣的盛衰情況。

18 སྣ་ཁྲག་དང་ཁྲག་སྐྱུགས་པར་འཁྲུལ་འཁོར་དང་དམིགས་པ།

觀修幻輪治流鼻血與吐血

一、觀修「治流鼻血之幻輪[1]」【圖 13】，身結跏趺坐，先做「前行」─皈依發菩提心，「正行」說明如下：

（1）自觀為本尊，臉上仰朝向天空。

（2）若右邊流鼻血，則把左手放在旁邊的地上，而右手放在膝蓋上。

（3）若左邊流鼻血，則把右手放在旁邊的地上，而左手放在膝蓋上。

（4）再觀想鼻孔上有一個白色「ཨ阿」字堵住血，閉氣，如是可以止住流鼻血。然後，頭後仰放鬆，慢慢呼吸，再吐氣發出嘆氣聲如「哈～」「哈～」，就像小便時壓氣下來一樣，如是可治流鼻血。此觀修法也可以治大、小便不順之病。

二、觀修「治流鼻血之方法[2]」【圖 14】，先做「前行」─皈依發菩提心；「正行」說明如下：

（1）身跏趺坐，手結降魔印，兩手大拇指各自連接於無名指根部握拳置膝蓋上。身坐直，於臍下四指之三脈匯集處觀想上師，慢慢呼吸，把氣壓至臍間，如是可止住流鼻血。

（2）萬一鼻血還不能止住的話，要另做「治腎型水腫」的觀想和排水幻輪[3]。

1 見【圖 13】治流鼻血之幻輪 P. 67。

2 見【圖 14】治流鼻血之方法 P. 68。

3 見【圖 10】排水幻輪（A）P. 48、【圖11】排水幻輪（B）P. 49。

三、觀修「治吐血」的方法，應調和食物，禁食極寒或極熱性之食物。

（1）首先在天剛亮、星星未消失之前，取瀑布、急流之清淨水。然後，早餐前和晚上睡前各喝三杯所取之水，喝水後起碼經過半個小時之後，才可以吃其他東西。

（2）先做「前行」—皈依發菩提心；「正行」，於般若波羅蜜處[4]觀想上師，同時持氣，如是可治吐血，此稱為「長壽延命口訣」。

以上觀修方法亦可治氣逆行向上所引起的上燥症與治氣喘等病。

【圖 13】治流鼻血之幻輪

4 般若波羅蜜處：指臍輪。

【圖 14】治流鼻血之方法

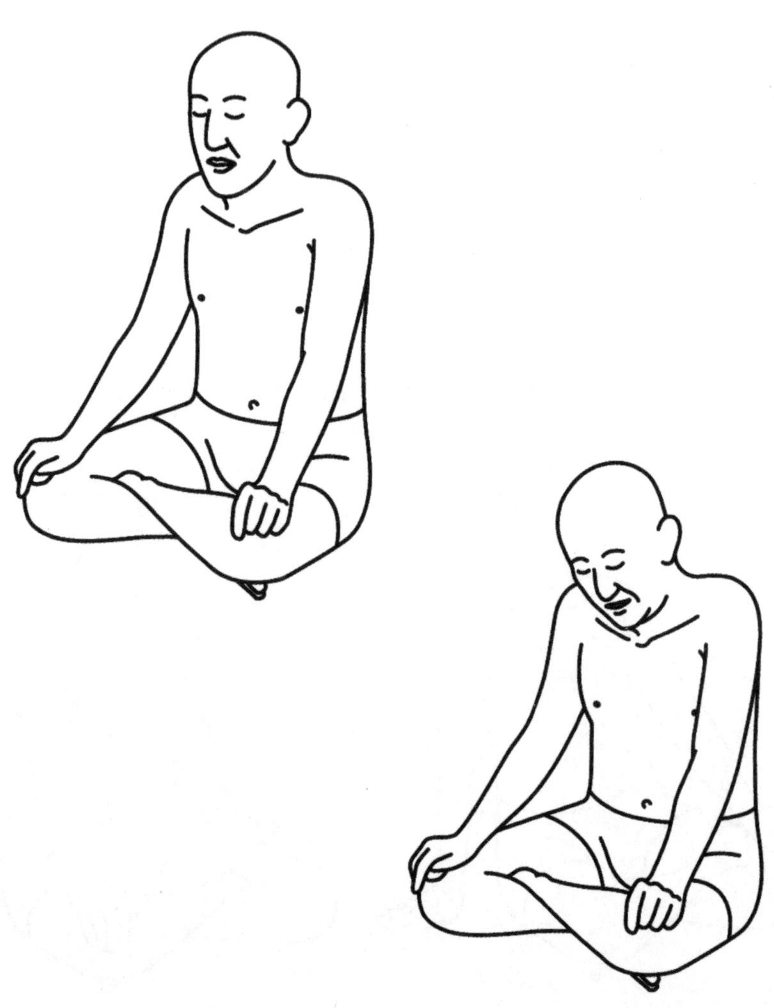

19 སོ་ན་བར་དམིགས་པ།

觀修治牙齒痛

觀修「治牙齒痛」的方法，禁食寒性的食物，應吃有營養和熱性的食物。

（1）先做「前行」－皈依發菩提心。

（2）「正行」，在疼痛處觀想上師或大悲觀世音菩薩，大小如芥子般。同時，腳底要擦藥膏塗劑[1]並搓熱，如是也可以對治蛀牙的疼痛。

1 藥膏塗劑：在西藏，通常是指以舊的酥油加熱，然後塗抹之。

20 སྙིང་རླུང་གི་ནད་ལ་དམིགས་པ།
觀修治心風病

觀修「治心風病[1]」的方法，禁食極寒或極熱性的東西，應吃有營養的食物。

（1）首先做「前行」—皈依發菩提心。

（2）「正行」，稍作意念觀想倒立的心臟，將心臟慢慢降下來至肛門地方；然後，觀想心臟為紅色八瓣蓮花，上師安坐於花蕊上。還有，需要熟悉的親朋好友能向患者多說好話與安慰語，如是可以治心風病。

1　心風：病名，風侵入心，屬外感症，指心臟受風邪侵襲所致的病患。或指癲疾之症、或紛擾的意念。

21 སྟོད་འཚངས་ཧ་ཡིས་འཁྲུལ་འཁོར།

觀修哈字幻輪治上燥症

觀修「治上燥症[1]」的方法，首先做「前行」－皈依發菩提心，「正行」，自觀為本尊，身結金剛跏趺坐。當氣逆行向上[2]，會引起上燥症，此時要觀想「ཧ哈」字作波浪幻輪，說明如下：

（1）自身做「哈字幻輪[3]」【圖 15】的方法，觀想所有病痛聚集於心間黑色的「ཧ哈」字，兩手交叉放在胸前，頭後仰，眼微閉，放鬆，然後口唸：「哈～哈～哈～～～」。

（2）再觀想前面虛空中有白色「ཨ阿」字後，吸氣入臍間，再上行進入心間的黑色「ཧ哈」字。

（3）然後，黑色「ཧ哈」字從心間飄出來，融入於空中的白色「阿」字之後，「阿」字亦如彩虹般消失，專注於不生不滅的空性中。

（4）如此連續反覆地觀想「ཧ哈」字，從二十、三十、四十、五十到一百次，甚至兩、三百次，越多次愈好。經過自身去實修體證，除了「哈字幻輪」外，絕對沒有其他更殊勝的方法可治上燥症。〔這是噶舉傳承上師最殊勝的觀修幻輪方法。〕

1　上燥症：意為上體滿悶，指風邪侵入上體肺腑等處，引起胸膈脹疼、呼吸困難諸症。

2　當氣逆行向上，會有頭脹、熱的感覺，眼睛不清、胸腔擠壓、上背疼痛、心情煩躁等現象。

3　見【圖 15】哈字幻輪 P. 72。

【圖 15】哈字幻輪

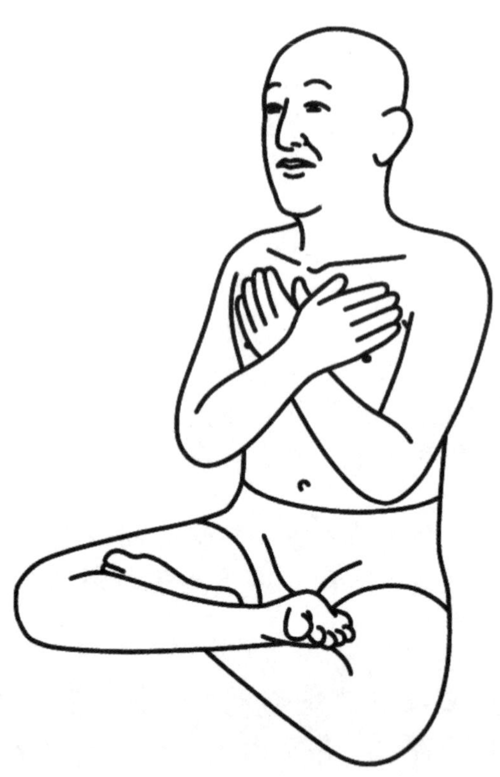

22 གློ་བ་ན་བར་དམིགས་པ།

觀修治肺病

若是肺病所引起感冒發燒的話，感覺會如火燒一般熱燙。觀修「治肺病」的方法，首先應做「前行」－皈依發菩提心；「正行」說明如下：

（1）於臍下四指處，觀想上師。

（2）自觀為本尊，於頭頂觀想上師，要做三輪體空[1]的外、內、密供養，並要有強烈的虔誠信心祈求。然後，觀想上師之頂輪上有倒立下垂的白色「ཧཾ杭」字流出菩提甘露。

（3）或於頭頂上方觀想銀白色的上師金剛薩埵，並生起堅固虔敬信心，從上師金剛薩埵右腳的大拇趾流出加持甘露，經由自己的頂輪流入身內，盈滿至喉輪、心輪、臍輪，直至全身充滿了白色加持甘露，身體感到非常輕安，消除病痛。

（4）或者觀想在頭頂梵穴上，有一白色小孔，大小如鴿子蛋，白晰光亮的，然後意識從小孔出來升至上方虛空，再透過小孔往下看，很清楚地看到自己身內的心和肺等五臟六腑。然後，再觀想甘露如上述（2）或（3）的方法，令身體感覺很舒適、輕安，最後安住於無念、無執之大手印境界，此稱為「如冰片禪定口訣」。

1　三輪體空：指施者空、受者空與施物空三者，即無主體、客體與主客體間之觀待分別。

23 མཆིན་མཁྲིས་ཁ་སྐོར་ན་བར་དམིགས་པ།

觀修治肝膽病

觀修「治肝膽病」的方法如下：

（1）首先做「前行」－皈依發菩提心。

（2）「正行」，觀修身空，於有病痛處，觀想有一寸大小的上師。

24 སྲིན་ནད་གླང་ཐབས་ལ་དམིགས་པ།

觀修治腸胃絞痛

觀修「治腸胃絞痛[1]」的方法，要用紗布包藥材，再沾熱酥油來熱敷〔灸燻〕腳和背部，多做幾次。

首先做「前行」—皈依發菩提心。

「正行」，於臍下四指處觀想上師身上燃起智慧火，心專注於火苗尖，由肛門出，延伸至地下七尋之處，如是一心專注觀想。

若了解病況的話，也可以吃幫助腸胃消化或驅寄生蟲的藥物，而且多喝點開水，如是可治此病。

1 腸胃絞痛：由於寒熱交攻，胃和大小腸中寄生蟲動亂妄行，突發劇痛，如牛角尖壓刺胸腹。

25 ཚ་འཁྲུ་དང་གྲང་འཁྲུ་ལ་དམིགས་པ།

觀修治寒、熱性腹瀉

腹瀉[1]，分為熱瀉與寒瀉兩種。治熱瀉，於臍下四指處觀想有一個很清涼的月輪。而治寒瀉，則於臍下四指處觀想有一個火紅的日輪，圓如圓桶的底盤。觀修「治腹瀉」的方法，首先做「前行」—皈依發菩提心；「正行」說明如下：

（1）治熱瀉，應禁食腐爛、酸、鹹和熱性的食物，直到身體有基本上的恢復。於心間觀想上師，從上師身上流出清涼的智慧甘露，充滿自己全身氣脈，所有的病痛隨著甘露由肛門流出去。若有微痛或熱瀉、寒瀉等症狀，都可以用此緣起法則來治療。

（2）若很嚴重的腹瀉時，就要提氣上來，於頂輪觀想上師，生起強烈恭敬信心，有時心專注於頭頂，有時心遙望虛空，並觀想割斷自己的雙腳來供養上師和三寶。

（3）若會吐的話，則將上氣壓下來，於臍下四指處觀想上師，心專注於很深地底下的黃金大地，並割斷下身來供養上師和三寶，此稱為「如溝渠疏導般口訣」。

（4）若便血的話，是屬於熱性病所引起的。得此病時，應於天亮、星星未散之前，去取經常煮飯要用的水和自己要喝的水，放在沒有陽光照射的地方，觀想水的體性為大悲觀世音菩薩，然後盡力唸誦六字大明咒，最好能經常持咒，並持續幾天唸誦。應多穿衣服保暖，要喝三、五、七碗的水，愈多愈好，如是可以止住便血。

---

1 腹瀉（*diarrhea*）：由於感染、食物發酵或中毒的原因或生理紊亂而引起不正常的腸內容物（像液狀）頻繁發出。熱瀉：指熱性泄瀉，為膽降於腑和肝熱下降所致的腹瀉名。寒瀉：指寒性泄瀉，為津風引起的腹瀉名。

26 ཆུ་འགག་ལ་འཁྲུལ་འཁོར་དང་དམིགས་པ།

觀修幻輪治尿閉

因尿閉[1]之故，造成胃脹和腸糾結會痛的時候，要做「拉沙嘎幻輪[2]」【圖 16】來對治，首先，自己端正蹲下，而把兩腳張開，臀部不可接觸地上，把手放在大腿後面的地上，臉朝上仰向天空，再把頭部慢慢低下來至前面，輕輕地持氣並發出嘆氣聲把氣吐出來。然後，身結跏趺坐，首先做「前行」－皈依發菩提心；「正行」說明如下：

（1）自觀為本尊，於心間燃起火，往下流出，進入地下，心專注於火苗尖觀想。

（2）或於密處觀想一寸大小的上師，從上師心間出五股金剛杵，往下進入至很深地底下的黃金大地，心專注於金剛杵觀想。

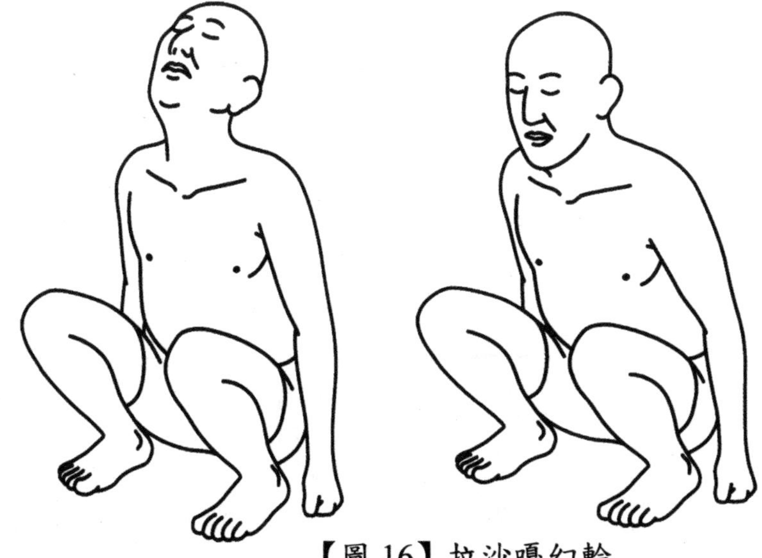

【圖 16】拉沙嘎幻輪

1　尿閉：乃小便不通之意。

2　見【圖 16】拉沙嘎幻輪 P. 77。

若尿水進入脈內，生命會有很大的危險。對治此病有觀想和做幻輪兩種方法，總而言之，觀修「治尿閉」的方法，分別有身體做幻輪、心做觀想和持氣三種口訣，說明如下：

（1）身體做幻輪是很深奧的，故病者做「藍巴卡幻輪[1]」【圖 17】是很重要的。先把兩腳的腳趾貼地上，後腳跟慢慢抬起來，屁股放在後腳跟上，兩手的手指放在後方的地上，上身稍微挺起來，可通身體的脈。如此身體脈通了之後，脈內的尿水會流出來，而脈與尿水就可以分開了。

（2）做完幻輪後，心做觀想，首先做「前行」—皈依發菩提心；「正行」，自觀為本尊，觀修身空，於佛母處[2]觀想部主，如五指拳大小，從部主身上燃起火。若大便不通的話，觀想濃濃地火苗由很寬廣的肛門出，進入地底下；若是尿閉的話，則觀想尿水由寬廣的尿道流出至無盡的地底下，如是專心做幻輪，就可順利治病。

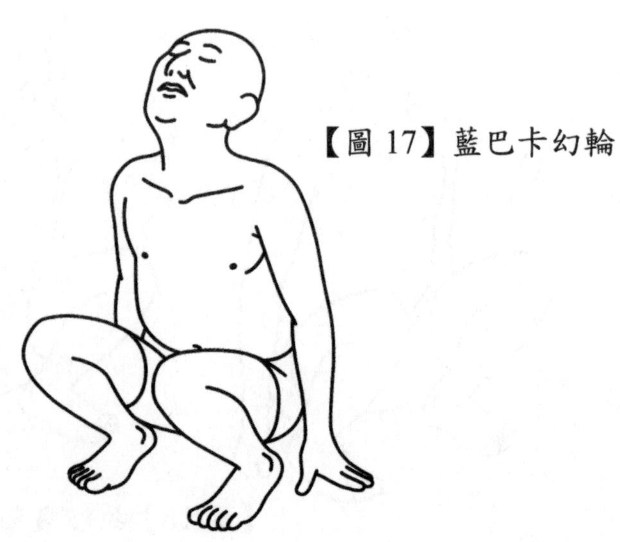

【圖 17】藍巴卡幻輪

1 見【圖 17】藍巴卡幻輪 P. 78。
2 佛母處：指臍輪。

27 རྡེག་ནད་ལ་དམིགས་པ།

觀修治痛風

若得熱性痛風[1]的話，應食用比較寒性的食物；若有營養不良、肌肉消瘦的痛風，則食用熱性、有營養的食物。熱性的痛風會發燒，而寒性的痛風會發冷，故必須按照醫生的指示，要擦根據不同症狀所配製不同藥物成分的按摩油。不管是寒性或熱性的痛風皆因很臭的黃水[2]病魔所引起的。

觀修「治痛風」的方法，先做「前行」—皈依發菩提心；「正行」說明如下：

（1）於自己心間觀想上師，從上師身體燃起智慧火，驅除所有病痛和病魔，然後，火苗尖由身體下方出，延伸至地下二十一尋之處。若身體右邊痛的話，觀想火苗尖從右邊向下延伸出去；若是左邊痛的話，則觀想火苗尖從左邊向下延伸出去；若兩邊都痛，就觀想火苗尖從兩邊向下延伸出去。

（2）或於臍下四指之三脈匯集處觀想上師，從上師身體燃起極紅的智慧火，大小如手肘粗，由肛門出，延伸至地下二十一尋之處，心專注於火苗尖，還要生起強烈的悲心。此觀修法亦可治痲瘋病。

（3）如果沒有合格的上師，就觀想深紅色的「ཧཱུྃ吽」字，由肛門出，向下延伸出去，如是亦可治此病。怙主 吉天頌恭如是云。

1 痛風：筋骨疼者，可指風邪引起的肢體骨節疼痛的病。由於嘌呤生物合成代謝增加，當尿酸鈉微細結晶沉積在關節中，引致急性關節炎症，這叫痛風，就像風似突然其來，痛風是臨床病名，俗稱帝王病，因吃得太好，血中尿酸不斷增高所造成的。

2 黃水，病名。《中藏經・論水腫脈證生死候》：「黃水者，其根起於脾，其狀先從腹腫也。」

28 འབྲས་ནད་ལ་དམིགས་པ།

觀修治癰疽

觀修「治癰疽[1]」的方法，首先做「前行」—皈依發菩提心；「正行」說明如下：

（1）於癰疽的中央，觀想上師，如芥子般大小，從上師身上燃起火，燒掉病的體性。

（2）在癰疽的痛點處，觀想深紅色的「ཧཱུྃ 吽」字，從中燃起智慧火，燒掉所有病痛。

（3）若癰疽更加惡化，傷口不能痊癒的話，就在傷口上觀想白色的「ཨ 阿」字，「阿」字融化流下智慧甘露充滿傷口。

（4）也需要有能力的實修者來念咒，吹氣加持傷口，如是可以有效痊癒。

（5）或在與癰疽同一方向的腳底，觀想甫開的白色蓮花。

（6）或在癰疽上面，觀想如芥子般大小的火，可先恢復傷口的表面，如是觀想，傷口裡面自然會恢復，則可以徹底治好此病。

1 癰疽（ㄩㄥ ㄐㄩ）（yōng jū）：指一種毒瘡、瘡癤。見 P. 43 註解（2）。

29 རྐང་ལག་གི་ནད་ལ་དམིགས་པ།

觀修治手足病

觀修「治手足病」的方法，首先做「前行」—皈依發菩提心；「正行」說明如下：

（1）觀想從肩膀至手肘之間的病痛都從手指排出去，而膝蓋以下的病痛則從腳趾排出去。

（2）自觀為本尊，心間有金剛手菩薩，約五指拳大小，由金剛手菩薩的心間流出深藍色甘露，充滿於病痛處。

（3）觀想身空，從大腿至腳底都沒有肌肉、骨、骨髓和筋等物，如同清淨充滿了氣的羊膜囊般清澈透明，其外觀為腿的形狀，如是觀想持續幾天。然後，於膝蓋關節骨之下方，觀想充滿笑容、救病難的藍綠色度母，從度母身上流出清涼甘露，如同新年時節初月的河水，充滿於膝蓋至腳趾之部位，如是觀修一天；第二天，則觀想從腳趾流出濃濃的甘露。接著，如是以此兩天為一期，反覆輪流認真觀修。

（4）若手足殘廢者，應從腳趾至頭頂間觀想身空，於膝關節之中間〔有刺痛的地方〕，觀想大小如雞蛋的火，其白紅色的火苗充滿了從頭頂至腳趾間。因為寒性引起腳殘廢的話，則在膝關節的下方觀想大小如雞蛋的火，生起小小的火苗〔沒有熱度的火〕，火苗往上走，充滿膝蓋以上至肚臍以下的部位。

然後，火苗再往下走，充滿膝蓋以下至腳趾之間，再從腳趾的下面出去〔不能觀想火苗從腳趾甲的上面出去，否則會引起黃水病魔〕。漸次延伸至地下一肘[1]、一矢[2]、一尋之處，如是可治病，亦可消除疾病與魔障。

（5）然後，再做悲心的觀修，如是常常觀修悲心，就可以徹底治好此病。

（6）若是臉和手麻痺的話，要觀想在身體的背面與正面相同，都有眼、嘴和胸部、乳等一樣，此稱為「前後轉換禪定」。

1　一肘：藏名「促康」，自肘尖至小指根節間或中指尖間的長度，分伸肘與曲肘兩種，見附錄【圖 22】伸肘、【圖 23】曲肘 P. 155。
2　一矢：藏名「打康」，指一支箭的長度，相當於自己坐姿的高度。見附錄【圖 30】一矢 P. 159。

30 ནད་སྤྱི་དང་ཁྱེ་བྲག་རྐང་པར་ཕན་པའི་དམིགས་པ།

觀修治諸病，特別是治腳

觀修治諸病的方法，首先特別做「前行」─皈依發菩提心，這是很重要的。「正行」說明如下：

（1）經常於臍下四指之三脈匯集處，觀想五指拳大小的金剛瑜伽母，放橘紅色的光，充滿自己身體內外，如是觀想短時間。平時要經常於臍下四指處觀想金剛瑜伽母，同時不做惡業；若身體健康時，平常多做度化眾生之利他事業以及多為有情宣說正法；若身體不適或心生傷悲時，則觀想金剛瑜伽母在極樂世界[1]中，如此認真實修，身體可安樂，並增長功德。

（2）從腳底至臍間，觀修身空一天，然後於臍下四指處觀想大小如拳頭的紅火，生起小小的火苗，充滿於臍間至腳趾以上。有時候則觀想從十隻腳趾尖燃起火苗約三指長，如是可治諸病，特別是治腳病。

（3）於臍下四指處觀想充滿笑容、救病苦難的藍綠色度母，五指拳大小，從度母的身體放出藍綠色的光充滿直至腳底，如是觀想可治諸病，特別是治腳病有效。

（4）自觀為本尊，於臍下四指處觀想充滿笑容、救病苦難的藍綠色度母，四指寬大小或隨意任何大小，從度母身體放出藍綠色的光，充滿四脈輪，然後所有諸病與魔障，皆從腳趾和手指同時濃濃地排出去。

（5）若病魔密集之處會痛，在痛的地方觀想一寸大小的上師，從上師身上燃起智慧火，大小如藤鞭，往下走，心專注於火苗尖觀想，如此可順利治病，而所述觀想也可以有效地對治返風病、咽喉痰塞、熱病和寒熱混合性等病，如是稱為「百病一咒」。

1　極樂世界：此處指臍輪。

31 ནང་ཚ་ཤ་རུས་རྐང་དང་རྩ་རྒྱུས་ལ་ཡོད་པའི་ནད་ལ་དམིགས་པ།

觀修治內臟、肌肉、骨、髓與筋

觀修「治內臟、肌肉、骨、髓與筋」等病的方法，首先做「前行」－皈依發菩提心；「正行」說明如下：

（1）自觀為本尊，認真觀修身空，連續幾天。所有脈內的病聚集於臍下四指處，會有難忍的疼痛感；此時應觀想病痛的體性為金剛亥母，從金剛亥母身上燃起火，粗細大小如牛尾般，由肛門出，延伸至地下約十八尋之處，心專注於火苗尖觀想，如是觀想可治內臟和肌肉的病痛，病痛全都從肛門排出去。

（2）自觀為本尊金剛亥母的身體燃起火，粗細大小如牛尾般，由尾椎往下出去，直至地下約十八尋之處，心專注於火苗尖，如是觀想可以清除骨、骨髓和筋等諸病，應努力觀修。

（3）觀想自身臍下四指處有五指拳大小的金剛亥母，從金剛亥母身體燃起火，粗細大小如手肘，由肛門出，延伸至地下約十八尋之處。有時也可以觀想火苗尖由尾椎出，直至地下約十八尋之處。

選擇上述任一觀想皆可。

32 སྐྱིགས་བུ་དང་གློ་ལུད་བར་དམིགས་པ།

觀修治呃逆、咳嗽

觀修「治呃逆[1]、咳嗽[2]」的方法，首先做「前行」一皈依發菩提心；「正行」說明如下：

（1）若呃逆或咳嗽時，心專注於密處，暫時持氣〔閉氣〕。

（2）若呃逆或咳嗽有魔障的話，應於臍下四指處或密處專心觀想上師，暫時持氣。

1　呃逆（*hiccup; hiccough*）：俗稱打嗝，指氣從胃中上逆，喉間頻頻作聲，聲音急而短促。是一個由橫隔膜痙攣收縮引起的生理上常見之現象。

2　咳嗽（*cough*）：喉部或氣管的粘膜受刺激而突然把空氣從肺內驅逐出來並帶有爆破的雜音。

33 མཛེ་སྐྱའི་ནད་ལ་དམིགས་པ་དང་འཁྲུལ་འཁོར།

觀修幻輪治白痲瘋病

觀修「治白痲瘋病[1]」的方法，首先做「前行」—皈依發菩提心；「正行」，身體做排水幻輪[2]〔睡覺時，要結跏趺坐；坐時，也要經常反覆結跏趺坐〕，心要做前已述的治腎型水腫[3]觀想，如是可治白痲瘋病。

修行人因為修行之善業，而引發業障現前，若是觀空不正確的話，會引起白痲瘋病等等，同時可能還會有魔障。若是得了痲瘋病時，就必須觀修慈悲與空性來消除病魔，還要做身、語、意三種幻輪之生起次第方法。

第一、「身幻輪」，身結跏趺坐，做愁眉苦臉欲哭的樣子。

第二、「意幻輪」，當從五種因理中來猛烈觀修悲心。

（1）首先，要生起憶念與感恩母親之心。

（2）然後，觀想傷害我的病魔曾是自己的母親，甚可悲也。

（3）因為迷亂無明之故，母親為了自己的兒子而造作各種惡業，甚可悲也。

1 痲瘋（*Leprosy*）：又稱癘風、癩病。是惡性黃水與疫蟲巴巴達相結合，再由毒龍支使所致身肢節變形，皮膚潰爛的兇暴病名，分十八種或三十六種。白痲瘋病，是指初期輕微之痲瘋病，通常只出現皮膚潰爛之症狀，尚未嚴重侵入血液裡。此病乃由痲瘋桿菌引起的慢性傳染病，初起先覺患部麻木不仁，次發紅斑，繼則腫潰無膿，久可蔓延全身肌膚而出現眉落、目損、鼻崩、唇反，足底穿等嚴重症候。

2 見【圖 10】、【圖 11】排水幻輪（A）、（B）P. 48、49。

3 見 P. 44 觀修幻輪治腎型水腫。

(4) 母親因為傷害了其他眾生，所得的業果是墮落三惡趣，不斷沈淪於無始的輪迴中，甚可悲也。

(5) 母親在無邊無際輪迴中受苦時，除了自己的兒子外，並沒有其他人可以依靠，甚可悲也。

第三、「語幻輪」，口要持續唸誦：「傷害我的病魔是極其可憐」，念誦一千多次，如此憶念母親，令心中生起強烈的悲心。如果對病魔產生強烈的悲心，就可以清淨此病；如果未能生起強烈悲心，就無法治好此病。

對病魔生起強烈悲心是可以治病的，而對所有眾生產生悲心，病症就不會復發，然後，願一切眾生得證圓滿菩提果。要觀修大手印五支道之教法，透過空性和悲心雙運的觀想，方能很順利地脫離痲瘋病，因為悲心是特別重要的，故要認真地觀修悲心。

34 གྲང་བའི་ནད་ལ་དམིགས་པ་དང་འཁྲུལ་འཁོར།

觀修幻輪治寒性病

治「寒性病」，需要用瀉的方法，就是把秋天的人蔘果放在水中煮過，待煮乾之後，在人蔘果上面加熱酥油，趁尚未變涼之前要吃下去；或者吃一些白米、青菜較有營養的食物。

（1）首先做「前行」—皈依發菩提心。

（2）「正行」，觀想肛門上有一鏡子，從鏡子的中央燃起火，一直延伸到胃裡，如果胃會很痛的話，就中斷觀修。這時要作「原地踏步幻輪[1]」【圖 18】，然後，從肛門排氣，如是可以清淨胃痛。

【圖 18】原地踏步幻輪

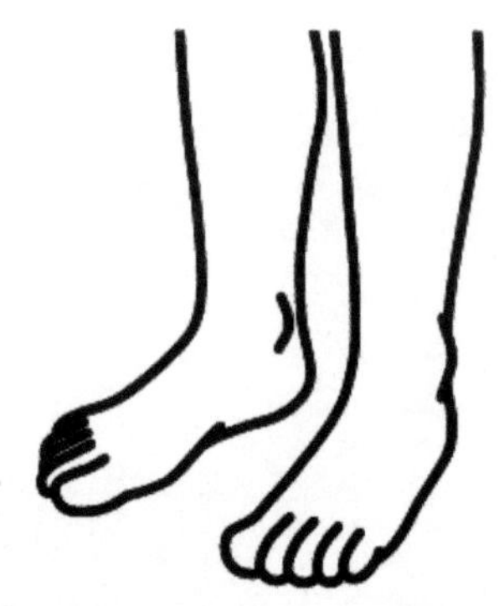

1　見【圖 18】原地踏步幻輪 P. 88。

35 གྲང་ནད་དྲི་ཆེན་དང་ཆུ་ལོག་བར་དམིགས་པ།

觀修治寒性病引起的大小便失控

觀修「治寒性病引起的大小便失控」的方法如下：

(1) 首先做「前行」—皈依發菩提心。

(2) 「正行」，若大小便失控的話，心裡要想著不要尿出來，或者在尿道口觀想白色芥子，而在肛門上觀想大小如青稞的紅色光。

觀修「治下身寒性病」的方法，先觀三脈，於臍下四指之三脈匯集處，觀燃起火，越來越烈，燒掉五輪[1]，或者燒掉所有病症，最後全身充滿烈焰，此為「拙火口訣」。

1 五輪：指頂輪、喉輪、心輪、臍輪、密輪。

36 རྨ་གསོ་བར་དམིགས་པ།

觀修治傷口

於傷口上，觀想大小如青稞的白色光，或觀想上師、本尊，或觀想白色「ཨ 阿」字，大小如青稞，如是傷口裡的膿、血與黃水都會流出來，可清淨傷口。不論用哪一種觀想方法，必須觀想在傷口的上面，如此可順利治癒。

觀修「治傷口」的方法，在剛受傷的時候，要喝一碗融化的酥油，可以使傷口的脈閉起來。首先做「前行」－皈依發菩提心；「正行」說明如下：

（1）若傷者是年輕人的話，七天之內要減餐，且禁食太營養、太刺激的食物；而年紀大者則在三天之內要吃清淡，禁食太營養的食物。

（2）於傷口內觀修身空，然後，於傷口上觀想上師或觀世音菩薩，大小如芥子〔如是可治傷口〕，其身上流出白色智慧甘露水充滿了傷口內的脈。〔若傷口內化膿有很多黃水的話，就要在傷口內觀想五瓣的蓮花，花柄長約一卡，蓮花上觀想極小的「ཧཱུྃ 吽」字或本尊，如是黃水的膿可以流出。〕

（3）或者亦可於傷口上，觀想白色的「ཨ 阿」字融化，流出白色智慧甘露水充滿了脈。

（4）飲食要按照醫生治療方法。

以上怙主 吉天頌恭云如是云。

37 སྐྲངས་ལོ་ན་བར་དམིགས་པ།

觀修治腫脹病

觀修「治腫脹[1]」的方法，首先要做「前行」－皈依發菩提心；「正行」說明如下：

（1）在腫脹的地方，觀想紅紅的，猶如燒紅的熱鐵一樣。若是有多處腫脹，則在每一腫脹處的上面觀想有一非常紅的珊瑚。

（2）若摔倒受傷等原因所造成的腫脹，修行很好的病者應安住於大手印境界。而一般病者則需每隔一、兩天才做一次觀想，於臍下四指之三脈匯集處，觀想上師，如是可以治一般的腫脹。

（3）若不明原因忽然腫脹起來的話，則在心間觀想上師身體燃起智慧火，燒掉腫脹，如是可以治所有腫脹。

1 腫脹（*swelling*）：肌肉、皮膚或黏膜等組織由於發炎、淤血或充血，身體某一部分體積增大。

38 དུག་ནད་ལ་དམིགས་པ་དང་འཁྲུལ་འཁོར།

觀修幻輪治中毒病

觀修「治中毒[1]」的方法，首先做「前行」—皈依發菩提心；「正行」說明如下：

一、自身觀為本尊，觀修身空，然後觀想從頭頂至腳底所有的毒素聚集在一處。若毒素所聚集的地方會痛的話，這時要在痛處觀想有一寸大小的上師，如此毒素就會排出來，可能亦會有下瀉或嘔吐的現象。若是嘔吐的話，對病者比較麻煩，若是下瀉的話比較好，而下瀉的方法，應在肛門處觀想白色蓮花，四瓣花瓣倒立向下，心專注於蓮花，再慢慢壓氣，如此會有下瀉的現象。若還不能下瀉的話，就要多喝點開水，或者吃澤漆[2]，就可順利下瀉了。

二、若想讓凡人感到驚奇的話，就在面前放一個金屬做的容器，再作「吐的幻輪[3]」【圖 19】，挺身伏地，伸展腰，作嘔吐，吐在容器裡；吐得很厲害時，把黏稠狀藍色毒物全都嘔吐出來，沾黏在容器裡，是很難洗乾淨的。

三、斷病根，於臍下四指處觀想上師，身體燃起粗細如藤鞭的智慧火，由肛門出，直至地底下三十多尋之處，心專注於火苗尖觀想。過幾天之後，於肛門上觀想倒立下垂的深藍色「ཧཱུྃ吽」字，燃起火，火苗尖往下走，如此任何的中毒都可以徹底清淨治好。

1　中毒病：為毒素引起的疾病名。
2　澤漆（*Sun Euphorbia Herb*），藥名，為雙子葉植物藥大戟科植物澤漆的全草。有利水消腫、消痰、殺蟲、清熱解毒之功效。味辛苦，性涼，有毒。歸入大腸經、小腸經、脾經。功能治下瀉瘟疫等一切寒熱之病。
3　見【圖 19】吐的幻輪 P. 94。

四、治中毒，還有其他的觀修方法：

（1）自觀為本尊，長時間觀想身空，把諸病毒聚集在胃裡，胃會痛得好比刀割，此時於臍下四指處觀想五指拳大小的上師，從上師身體燃起火，稠密的火苗由肛門出，直到地底下無邊無際的世界，如是盡力做觀想可以排出所有的毒素。

（2）若毒素尚未全部清除的話，就會排氣如狐臭般不好聞的氣味，可以清淨此胃痛，這表示身體肌肉裡的毒素已排出來了。

（3）若骨骼裡的毒素還沒有排出來的話，應觀想脊椎如笛子般空空的直至尾椎，於從上往下數之第六節脊椎骨上，觀想大小一寸的上師，從上師身上燃起濃濃的火，火苗尖由尾椎出，直到地底下的無邊無際的世界，如是專注觀想可以徹底把骨骼裡的毒素全排出來，亦可治所有中毒，怙主 吉天頌恭如是云。

（4）於自身臍下四指處觀想三世諸佛之佛母[4]【圖 20】，再觀修菩提心、本尊與上師。然後，觀想金剛瑜伽母的臍間，有三角形法源[5]【圖 21】，法源中間「བྃ 邦」字流出紅白色的智慧甘露水，如此觀想長時間，心專注於樂空的禪定境界，並且將所有善根迴向圓滿菩提，這是無欺無誑、真實不虛之法，請認真實修。

4　三世諸佛之佛母：指金剛瑜伽母，見【圖20】金剛瑜伽母P. 94。

5　法源：藏名「卻炯」，指生法宮，代表生成本尊的觀修場所，可畫成倒三角形或交疊的六角星形狀，置於本尊蓮花座下面。三角形法源通常生於空性，其字符為「ཨེ」埃字，意謂宇宙萬有一切皆由此而生。金剛瑜伽母法源呈六角星或立體六邊形，由兩個互相交疊的等邊三角形金字塔組成，塔尖朝下，指向壇城中央三角形的交合點。法源內部呈紅色表大樂，外部為白色表空性之意。見【圖 21】金剛瑜伽母法源 P. 94。

（5）觀修菩提心，再自觀為本尊，於臍下四指處觀想無別於三世諸佛的上師之金剛瑜伽母【圖 20】，四指大小，如此日夜不斷認真觀修，並且善根迴向證得菩提果，心的專注是很重要的。

【圖 19】吐的幻輪

【圖 21】金剛瑜伽母法源

【圖 20】金剛瑜伽母

39 དྲང་སྲོང་གི་ནད་ལ་དམིགས་པ།

觀修治仙人病

治「仙人病[1]」之方法，首先要觀察病因是屬於火曜或水曜。

若耳朵後面的脈顯現青藍色的話，則是水曜，此時要用青稞的稈敲打在耳背上。怙主 吉天頌恭云：「若上身背痛得很厲害的話，就表示有外在非人之障礙，令四大不調和而引發寒、熱病和心風病等。」為了要避免此障礙，先做前行皈依發心，自觀為本尊，非常虔誠地觀想前面的上師，視師為佛，並作供養，然後，觀想上師從頭頂融入至心間。

若耳朵後面變紅色的話，則是火曜，此時要用涼水灑在耳背後，還要注意飲食等。若是修行者，則應安住於大手印境界。腳上要擦熱酥油，還要視病況，配合調氣〔可持寶瓶氣〕，如是可以治病。

觀修「治仙人病」的方法，首先做「前行」—皈依發菩提心；「正行」，自觀為本尊，觀修身空，於臍下的般若波羅蜜處[2]觀想極小的金剛手菩薩【圖 22】，手腳細如馬尾毛。

「預防仙人病」的方法，說明如下：

（1）黎明時要觀修「內外勇猛護輪」，觀想金剛手菩薩是護輪，也就是自身觀為金剛手菩薩，成為外護輪；中脈亦觀想為金剛手菩薩，成為內護輪。

1 仙人病：通常是指在藏曆初八的下午，碰到非人—羅睺羅（魔鬼曜）的干擾，所產生的病症。分黃、白兩種，黃仙人病是指火曜，病會發生在身體的右邊，舌頭右邊變硬，身體發燒，指甲變褐色。白仙人病是指水曜，病會發生在身體的左邊，舌頭左邊變硬，身體發冷，頻尿。亦是一種中風。

2 般若波羅密處：見 P. 67，指臍輪。

（2）若手足殘廢的話，不可直呼病魔的名字[3]，因為它充滿嫉妒，故要美其名稱，喚其為「仙人」。

（3）若未痊癒，應觀修「內外勇猛護輪」，然後，自觀為本尊金剛手菩薩，觀想中脈挺直，心專注於此脈。

（4）若駝背的話，要盡力挺直上身〔亦要觀想中脈挺直〕；如果挺胸太後仰了，就需要向前彎一點〔亦要觀想中脈挺直〕。

（5）若身體的半邊殘廢的話，應在殘廢的那一邊觀想一半的本尊；也可以觀修身空，在身體的殘廢半邊灑涼水等等。〔重要的是首先需知道病屬於哪一種曜。〕

（6）總而言之，心專注一境是非常重要的，如是可清淨此病。

【圖 22】金剛手菩薩

3 病魔的名字：是指羅睺羅或魔鬼曜之名。因美其名喚為仙人，故稱此病為仙人病。

40 ནད་ཐར་འདོན་ཐབས་ཀྱི་དམིགས་པ།

觀修斷病根

觀修「斷病根」，避免病症復發的方法如下：

(1) 首先做「前行」—皈依發菩提心。

(2) 「正行」，自觀為本尊，觀修身空，從頭頂至腳底沒有任何的骨、肌肉、骨髓與筋等內臟物，如同清淨充滿了氣的羊膜囊般清澈透明。然後，於臍下四指處認真地觀想上師，約五指拳大小。

41 དམིགས་པ་བསྒོམ་སྐབས་དོ་སྣང་བྱེད་དགོས་པ།

觀修時應注意之要點

做觀修時，應專心一意，日夜不斷地努力觀修，因為病根的惡業與觀修的善業是完全對立、不能相互並存的，故病障若沒有立足之處，則身體可快速得以康復。

觀修時不能心生懷疑，若有懷疑，病會時好時壞，因此而中斷觀修，則會有生命之危險。能夠保持繼續觀修的話，不但可以治病，同時也對實修有增益。一般來說，病障可分為嚴重、中度、輕微三狀況：

一、觀修治嚴重病障：經觀修後，病況沒有產生任何改變，既沒有好轉，也沒有惡化，這就表示病障尚未成熟。此時不能產生懷疑而放棄繼續觀修，相反地，須更加認真努力觀修是很重要的。根治很嚴重的病是需要很強烈的觀修對治力，這樣總有一天可以清除病障。

二、觀修治中度病障：治中度病時，過程中可能病會惡化，此時切莫失去耐心或放棄觀修。其實，病情反轉惡化表示病障已成熟，這時應持續不斷地努力做觀修，方可清除病障。

三、觀修治輕微病障：一旦做觀修法就能康復。

不管是任何病障，雖然暫時得以康復，也不能中斷觀修，若不持續做觀修的話，就有可能舊病復發，因此病障雖然康復了，仍要繼續做觀修法和修持大手印。

觀修時，很重要的是必須累積資糧和配合心情，主要包含三個內容，說明如下：

(1) 善巧考量：福德資糧累積較少的病者，若做很強烈的觀修，會有生命危險之虞，就好比狗進入旱獺[1]的洞內出不來而悶死一樣，是故必須善巧考量適合者才能作觀修法，可見累積福德資糧是很重要的。

(2) 適當空間：觀修時，必須配合心情，也就是不可以執著，心要放鬆，找一個能適當放鬆心情的空間，安住於無念的大手印境界，如此自然符合無為法的本性。

(3) 佔領位置：以「觀修治喉蛾、疔毒」為例來說明，因為此病症容易蔓延跑到心臟，故必須先在心間觀想上師，如是觀修以先佔領心間位置來作保護，則病況才不會更加嚴重。

所有觀修法透過上述之要點，可以解答各種病痛在觀修時的問題，而通達一切的觀修法，不僅能治療病痛，亦能淨除罪障，故名為「觀修除障法」。

1 旱獺：指土撥鼠。

42 མཇུག་བསྡུ། 結 語

此殊勝的直貢噶舉傳承法脈，專注於兩種菩提心[1]，入於無二無別的禪定境界，可加持自身，淨除身體的病苦，同時又可加強自性覺知之觀修，如是就可征服天等世界。

於三種中陰[2]時，可以透過此觀修口訣之無二禪定，證得無上菩提；而所顯現的報身和化身，直至輪迴盡，亦可以利益無量眾生解脫，悉安置於無上菩提佛果。

此法是非常稀有、殊勝的，請將此當作唯一的觀修法而努力實修之。

1 兩種菩提心：指世俗菩提心與勝義菩提心。

2 三種中陰：指死亡中陰，包括臨終中陰、法性中陰與投生中陰。

《努巴仁波切之實修指導》

（一）毘盧七支坐法

無論修任何一種法都應具足前行、正行與結行三部分，首先從「前行」開始，身體的姿勢要坐好，應以「毘盧七支坐法」為標準，其要點說明如下：

(1) 足支 – 跏趺坐姿：雙腳結雙金剛跏趺坐或單盤結半跏趺坐，若不能也不必勉強，可散盤或自然端坐，以全身放鬆、舒適為準。

(2) 腰脊支 – 背脊挺直：脊椎必須要挺直，不可彎曲，座墊應該前低後高，可以使得脊椎能保持如箭般豎直。

(3) 頭頸支 – 頭正顎收：下顎不要抬高，應稍微向下壓低，輕輕向內收。

(4) 肩胛支 – 兩肩平正：胸部要展開，不可向內縮，雙肩應保持平齊，不可一高一低，以放鬆自然為佳。

(5) 手支 – 手結定印：雙手結三摩地印，置于臍下四指處。

(6) 目支 – 兩目視鼻：雙眼微閉，輕鬆自然地向前平視。

(7) 舌支 – 舌抵上顎：嘴唇輕閉，舌尖輕觸上顎。

保持正確「毘盧七支坐姿」可以連接體內的五種氣[1]，而得到平衡與協調，對觀修各方面都會有益的。然後，才開始做「九節佛風」。

1 內五氣：指持命氣、上行氣、平行氣、下行氣與遍行氣等五種氣。

（二）九節佛風

做「九節佛風」的目的是將體內不好的氣吐掉，讓好的氣吸進來，故七支坐法坐定後，先觀想身內三脈 - 中脈、左脈和右脈。兩手結伏魔印，以大拇指按住無名指第三節；然後中指、無名指彎曲握拳，以食指按住鼻孔。吸氣時，觀想一切諸佛菩薩加持的五色[2]氣吸入體內；呼氣時，觀想把自己無始以來所做的業障、煩惱障和所知障等所有不好的煩惱都清除掉。如是呼吸分三段各做三節，總共是九遍，稱之為「九節佛風」，說明如下：

（1）分三節：

第一節：首先，呼氣用力而時間長。
第二節：再來，呼氣用力而時間短一點。
第三節：最後，呼氣不出聲，慢慢把氣全部排掉。

（2）分三段各做三節：

第一段：首先，右食指按住左鼻孔，以右鼻孔吸氣；再按住右鼻孔，以左鼻孔呼氣，如是重複上述三節方式。

第二段：然後，左食指按住右鼻孔，以左鼻孔吸氣；再按住左鼻孔，右鼻孔呼氣，如是重複上述三節方式。

第三段：然後，雙手放膝蓋，由兩鼻孔同時一起吸氣、再一起呼氣，如是重複上述三節方式。

2　五色：指紅、白、黃、綠與藍色。

（三）調息

然後，雙手結定印，置於臍間，慢慢從兩鼻孔吸入五色的氣，觀想這是十方諸佛菩薩加持的氣；慢慢吸氣直到一定程度時，吞嚥一口水，同時把氣壓在肚臍下；然後，肛門稍微提一下，將下氣吸進來，在臍間令上、下氣合而為一，再稍微持一下寶瓶氣。接著輕輕地、平均地自然呼吸，不需特別持氣，如是作二十一次調息觀修，令心無念頭而平靜下來之後，才開始做《大除障法》的內容。

（四）觀修三字護輪[3]

（1）怙主 吉天頌恭教法裡，有好幾種觀修護輪的方法，其中「三字護輪」很容易觀想，效果也很好；而「三勇猛護輪」觀想較複雜，若有時間自己可以去體會一下。

（2）現在選簡單的「三字護輪」來觀修，首先為了護輪之需要，觀想自身為一個沒有任何肉的骷髏，從眉間發出白色「ཨོཾ 嗡」，化現很多的「嗡」字，好像蛇般捲起來如蛋殼形狀圈繞整個身體；再從喉間發出紅色「ཨཱཿ 啊」，化現很多的「啊」字，好像蛇般捲起來如蛋殼形狀圈繞整個身體；再從心間發出深藍色「ཧཱུྃ 吽」，化現很多的「吽」字，好像蛇般捲起來如蛋殼形狀圈繞整個身體。由「ཨོཾ་ཨཱཿཧཱུྃ། 嗡啊吽」三個字代表一切諸佛菩薩的身口意來加持、保護我們，從這樣觀想當中，所見到的一切是顯空無二的本尊身體，所聽到的一切是聲空無二的喜樂，所想到的一切是明空無二的境界，如此安住自然靜坐一下，這就是最好的護輪觀想方法。

（3）觀想蛋形外殼的大小，完全由觀想者的能力而定，可以大至整個自己所在地之範圍，或者是以自己身體的大小，甚至更微細也可以。

3　見【圖4】三字護輪P. 31，及附錄儀軌（五）《三字護輪》P. 146。

（五）觀修長壽佛[4]

（1）平常閉關修行者要修「長壽佛儀軌[5]」，但在《大除障法》上，則提供觀想長壽佛的方法來調整我們的身體，故暫時不需要唸誦書上的長壽佛儀軌。

（2）首先觀想一個紅色蓮花，上有月輪，在月輪上再觀想一個代表自性的紅色「ཧྲཱིཿ啥」字，發出很多光，光照射到十方世界，光中夾帶有許多的供品，供養諸佛菩薩。然後，光收回所有諸佛菩薩的加持溶入「啥」字；再次光照射到一切六道眾生的地方，消除眾生的各種煩惱和痛苦，特別是一些非死的各種因緣，如此利益這一切眾生，同時光再溶入「啥」字。然後，「啥」字立即轉性成長壽佛，一面二臂，跏趺坐，雙手結三摩地印，手上捧長壽寶瓶，上有如意樹，寶瓶內充滿長壽無死甘露。如此自身觀想為長壽佛，然後與自己根本上師無二無別，從長壽佛頂髻上觀想出阿彌陀佛莊嚴。在此境界中，以意念來默唸長壽佛心咒：「嗡 阿瑪日阿尼 自以溫地耶 梭哈」，若同時持寶瓶氣來唸誦長壽佛心咒，效果非常好。

（六）觀修除障法句誦[6]

觀修《大除障法》之前需供養六良藥與兩份食子，原本這是沒有具體的唸誦文，慈悲的 努巴仁波切於2014年七月歐洲德國弘法之行時，應當地弟子之請求特別撰寫了《除障法句誦》儀軌供行者實修。

其內容分別說明如下：

---

4 見【圖2】長壽佛 P. 26。
5 見附錄儀軌(二)《瑪吉珠貝傑摩佛母的賜予無死長壽佛儀軌》P. 120。
6 見附錄儀軌（一)《除障法句誦》P. 113。

（1）「祈求上師」

首先在前方虛空中，觀想上師與藥師佛無二無別，再供養六良藥與自己的一切身受用，然後祈求上師藥師佛加持一切有病苦的如母眾生。

（2）「供食子」

再準備兩份食子，以「ཨོཾ་ཨཱཿཧཱུྃ། 嗡啊吽」代表佛的身口意來加持食子作供養，一份對佛法僧三寶、空行和護法作「上供」，另一份對病魔等作「下施」。

（3）「皈依」

觀想皈依境，中央觀具恩根本上師，旁有諸傳承祖師環繞安住，前方本尊，右方諸佛，後方法寶，左方僧寶，以及下方勇父空行護法眾。若不想如此複雜觀想的話，可以觀上師藥師佛無二無別，是一切諸佛的總體，他的意是佛寶、語是法寶、身是僧寶。就在三寶總體的上師藥師佛面前做大乘的皈依，不是只為自己來皈依的，而是代替一切眾生做皈依的，而且皈依期限是直至成佛為止，如是做皈依觀想，這是很重要的。

（4）「懺悔」

行者在三根本與三寶之前代替一切眾生來懺悔所造的罪業，這也是很重要的。吉天頌恭說我們今生的很多病痛是來自無始以來所造的罪障，一般來說，有業障、煩惱障與所知障三種。本來一切眾生皆具有佛性，但我們卻不能體現佛的功德，主要是因為我們有各種罪障掩蓋了本有的佛性。因此之故，我們必須以懺悔心來懺悔一切罪業，並且代替一切眾生對過去生與今生所造的罪障做懺悔。

（5）「觀修四無量心」

觀修四無量心，「慈心」是希望一切眾生得到歡喜與幸福，「悲心」是希望解救痛苦的眾生與消除眾生的痛苦，「喜心」是希望眾生離苦得樂的歡喜心，「捨心」是平等心。眾生皆具有佛性，但凡夫沒有好好修持之下都有各種分別心，總是希望親人幸福、仇人痛苦，很難做到平等心。做為一個修行人應以平等心對待一切眾生，並不是簡單在嘴裡說說而已，要在平常生活中有訓練的功夫，才能做到平等心，故觀修平等心，應做如是思維：①首先要觀一切眾生都曾是我們的父母，今生不管是親人或仇人也好，他們都是眾生，亦曾當過我們的父母愛護我們，對我們有很大的恩德，故應對待一切眾生像今生的父母來孝敬；②觀想眾生皆有佛性，都是未來佛，應對他們恭敬，故眾生都是平等的；③觀想平等心對自己修行有很大的利益，若是對眾生有強烈分別心，只會增長自己的貪欲心與瞋恨心，如此煩惱心增長時，對修行是沒有任何利益的。如是觀修四無量心。

（6）「對病魔觀修悲心」

為了專修除障法時，怙主　吉天頌恭特別提到每一個病都有它的病魔，若對病魔產生強烈悲心的話，它的效果是非常好的。可從五方面來觀想：

①首先，心觀想具有恩德的父母變成餓鬼類的眾生，有極大的痛苦，非常可憐！

②再觀想他因為無明，不知道過去生我們曾是母子關係，而來加害我，非常可憐！

③又因為生為鬼類眾生做了傷害他人的惡業，將墮入三惡趣受苦，非常可憐！

④如此不斷輪迴於三惡趣中，他的痛苦是無限的，非常可憐！

⑤他在輪迴中遭受各種痛苦時，就好比母親遇到困難都希望兒子能幫助他一樣，當他可能對我們有所祈求時，當然我們有責任應該去幫助他！如此觀修對病魔產生很大的悲心，這是《觀修除障法》最關鍵的一個準備和動機。

當年努巴仁波切閉關時，曾受到滿屋子蒼蠅的干擾，心生討厭而驅趕之，但因為三寶加持之故，後來生起他們曾是過去生父母的悲心，而不由自主的流下淚來。接著蒼蠅就慢慢地飛走而越來越少，最後都不見了，這就是悲心的功德。

還有，怙主　吉天頌恭得痲瘋病時，打算自己超渡修頗瓦法結束生命之前，想到現在自己生病是自己的業力，並不是本尊的錯，故特地向本尊觀世音菩薩的唐卡頂禮之時，心生起自己能夠遇到佛法和殊勝上師以及得到口訣，是多麼的幸運！但對那些可憐的眾生沒有機會遇到佛法，因此產生極大的悲心以致昏厥，等醒過來時，身上感覺到所有的病魔像毒蛇、惡蠍紛紛跑出來，許多的膿血也流出來了，當時在強烈悲心的帶動下，他空性的見地與證量提升了，達到無修的佛境界，得緣起自在，身體也恢復健康原貌，這是一個大悲心的力量。故說悲心是產生菩提心的種子，沒有悲心者是不可能有菩提心的，應由這些方法好好體會並生起悲心。

（7）「前行」，主要有兩個內容：發願和觀修身空。

A.〈發願〉

首先，自己生病時或者看到別人有病痛時，能夠看待病的心態是把這種病況轉化為修行道用。一般凡夫都只在乎自己的身體，生病時會想到現在怎麼辦或去看醫生，但一個修行人看待生病並不是這樣的，會馬上想到今天我的病是過去生自己所造業而感得的後果，現在有修行了解到先前所造業果成熟成病痛，應該利用這個機會好好做觀修。故說當生病時，不要想自己的身體該怎麼辦，應立刻想到一切眾生，特別是對病魔產生很大的悲心。吉天頌恭說過：「觀想我的疾病與魔障能代替所有眾生的疾病與魔障，願淨除一切眾生的業障、煩惱障與所知障。」應該要有這種信念的訓練，嘴裡如是唸誦，心亦如是觀想，如此觀修一、二百次。實際上，這也是修菩提心的過程，是一種「自他交換」的修行，把自己一切好的都獻給一切眾生，而一切眾生不好的業障和病痛由我自己來承擔，這樣訓練的效果是非常大的。

B.〈觀修身空〉

怙主　吉天頌恭說觀想自己的本尊，每一個人都有不同的本尊，但為了方便，大家可以自觀為四臂觀音，是透明、亮光的身體，裡面沒有五臟任何不乾淨的東西，非常清淨，如空的瓶子。「觀修身空」是前行最主要的部分，若病得很久者，觀修身空大概需一個月之久；若是一般的病，則作一、二星期；而突發性小病，則作一、二座的時間即可。

（8）「正行」

《大除障法》的基礎主要是「百病一藥」，這個觀修到位了，其他的只是不同觀想而已。首先觀想上師，共同的方式，一般是在自己有病痛的地方，觀想一寸大小的上師，或者是從臍下四指處，觀想一寸大小的上師。而不同疾病的觀想口訣亦有所不同，若是熱性病，於臍下四指處，觀想上師為白色身，坐於月輪上；若是寒性病，觀想上師為紅色身，坐於日輪上；若是痰病〔寒、熱結合的病〕，則觀想上師坐在人的屍體上。

（9）「禪定」

對上師需生起很大的恭敬心，祈求消除我等一切眾生的病痛，如是祈求之故，上師身上發出智慧光如火般，從尾椎出往地下鑽下去，念頭如是一直觀下去，不要中斷，必須專注，才會有效果。觀到一定的時候，不想觀時則安住在無念的境界，安住時間多長則視自身觀修狀況而定。

（10）「迴向」

最後修完時，將所有功德迴向一切眾生。

以上觀修法歸納起來有五要點如下，與《大手印五支道》之內容相同，全部都包括在修行之中：

①發心：觀修慈悲心與菩提心，對病魔產生大慈悲心。

②觀修身空：自觀本尊身如彩虹、水晶般透明光，無任何內穢物，非常清淨。每個人都有不同的本尊，若無特別本尊者，則以四臂觀音做為本尊觀修。

③正行：最關鍵的是以「百病一藥」作觀修，於臍下四指之三脈匯集處，觀想一寸大小的具恩上師，祈求上師，然後上師身體發光充滿自己，成一火舌向下進入地底下深處。必須專注地觀想，不要胡思亂想，最好觀很清楚但時間短。

④禪定：在觀想時，火不要往上走，觀清楚時則觀清楚，而觀不清楚時也就觀不清楚，一直觀下去不中斷，直到無念境界出現，如是自然安住於大手印境界。

⑤迴向：觀修法能夠利益一切眾生，故應迴向如母眾生得大樂果位。

（七）咒語

根據《文殊根本續》記載，有一往生即解脫的咒語：

ཨོཾ་ཁེ་ཙ་ར་གྷཾ་ཧཱུྃ་ཧྲཱི་ཐ།

OM KHE TSA RA GHAM HUNG HRI THA

「嗡 客（台）乍惹 港木 吽 啥 踏」

唸誦此咒七遍，然後，向自己雙腳的腳後跟吹氣，如是可令因走路不小心而被誤踏的昆蟲得以往生三十三天解脫。

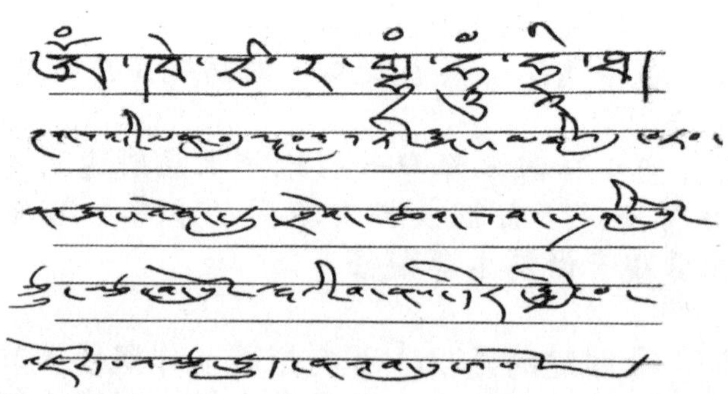

努巴仁波切之手稿

附錄篇

A

【附錄儀軌】

༄། །དམིགས་པ་གེགས་སེལ་གྱི་ཞེར་མཁོའི་འདོན་ཆ། །
除障法句誦

༄༅། །བླ་མ་སངས་རྒྱས་སྨན་གྱི་བླར། །བཟང་དྲུག་སྨན་གྱི་མཆོད་པ་དང་། །
喇嘛桑給綿吉喇　桑竹綿吉卻巴倘
上師藥師王如來　對彼供養六良藥

ལུས་དང་ལོངས་སྤྱོད་ཐམས་ཅད་འབུལ། །བདག་ནད་གསོས་པར་བྱིན་གྱིས་རློབས། །
呂倘隆訣湯界卜拉　達乃雖巴爾晴吉洛
並獻一切身受用　加持治療我疾病

ཨོཾ་ཨཱཿཧཱུྃ། གཏོར་མ་བདུད་རྩིའི་རྒྱ་མཚོ་འདི། །
嗡啊吽　多爾瑪篤茲嘉措滴
嗡啊吽　食子甘露之大海

སྐྱབས་གནས་དཀོན་མཆོག་གསུམ་པོ་དང་། །
架巴乃昆丘松波倘
獻予皈依處三寶

མཁའ་འགྲོ་ཆོས་སྐྱོང་རྣམས་ལ་འབུལ། །
康卓卻炯囊喇蔔拉
空行以及護法眾

བར་ཆད་ཞི་བར་མཛད་དུ་གསོལ། །
巴且息哇爾則篤梭
祈請息止一切障

ཨོཾ་ཨཱཿཧཱུྃ། འདོད་ཡོན་ལྔ་ལྡན་གཏོར་མ་འདི།།
嗡啊吽　度雲那滇多爾瑪地
嗡啊吽　具五妙欲此食子

གདོན་བགེགས་ནད་བདག་རྣམས་ལ་བསྔོ།།
敦給乃達囊喇喏
回向魔障疾病主

བུ་ལོན་ལན་ཆགས་བྱང་བ་དང་།།
璞倫蓮恰強瓦倘
虧欠宿債令清淨

གནོད་སེམས་གདུག་རྩུབ་ཞི་གྱུར་ཅིག།
諾也森度祖息究爾記
粗暴害心令息止

བདག་དང་མ་གྱུར་འགྲོ་བ་ཀུན།།
達倘瑪究爾卓瓦袞
我與如母有情眾

འདི་ནས་བྱང་ཆུབ་སྙིང་པོའི་བར།།
滴內也強久寧波也葩爾
由此至證菩提藏

སངས་རྒྱས་ཆོས་དང་དགེ་འདུན་ལ།།
桑傑卻倘給敦喇
如來正法與僧伽

སྙིང་ནས་གུས་པས་སྐྱབས་སུ་མཆི།།
寧內也愧悲嘉素企
由衷恭敬皈依之

བདག་དང་འགྲོ་བ་སེམས་ཅན་གྱིས།། ཚེ་རབས་ཐོག་མེད་ནས་བསགས་པའི།།

達倘卓瓦森間吉　次熱巴濤美內也薩貝也

我與一切有情眾　無始累生所積聚

སྡིག་པ་མི་དགེ་ཅི་བགྱིས་པ།། མཆོག་གསུམ་སྤྱན་སྔར་བཤགས་པར་བགྱི།།

迪巴迷給基給巴　秋松間那爾夏巴爾吉

所造罪惡與不善　三寶眼前當懺悔

མ་གྱུར་མཁའ་ཁྱབ་སེམས་ཅན་རྣམས།། བདེ་ལྡན་སྡུག་བསྔལ་བྲལ་བ་དང་།།

瑪究爾卡恰巴森間囊　碟滇篤涅也扎也瓦倘

如母虛空盡有情　願得安樂遠離苦

བདེ་བ་མཆོག་གནས་ལ་དགའ་བ།། ཀུན་ལ་སྙོམས་པའི་སེམས་བསྐྱེད་དོ།།

碟瓦秋乃也拉噶瓦　袞拉儂悲爾森給陀

喜於安住殊勝樂　眾皆平等發是心

ལྷག་པར་གནོད་བྱེད་ནད་བདག་ལ།། སྙིང་རྗེ་ཚད་མེད་བསྒོམ་པ་གཅེས།།

拉巴爾諾也切那也達拉　寧傑蔡美也恭巴界

尤其做害疾病主　珍惜觀修無量悲

རྒྱུ་མཚན་རྣམ་པ་ལྔའི་སྒོ་ནས།། དྲག་ཏུ་སྙིང་རྗེ་བསྒོམ་པར་བྱ།།

究參南巴涅果乃也　查度寧傑恭巴帢

當從五種因理中　猛烈觀修大悲心

༡ བཀའ་དྲིན་ཆེ་བའི་བདག་གི་དྲིན་ཅན་མ།།

噶辰切威達給辰間瑪

廣大恩澤具恩之我母

ད་ལྟ་འདྲེ་རུ་སྐྱེས་པ་སྙིང་རེ་རྗེ།།

塔大折也如給巴寧惹傑

當下生為鬼類甚可悲

༢ འཁྲུལ་པ་མ་རིག་དབང་དུ་གྱུར་པ་ཡིས།།

除拉巴瑪瑞旺篤究爾巴以

迷亂無明之故所主導

གཞན་ལ་གནོད་འཚེ་བྱས་པས་སྙིང་རེ་རྗེ།།

賢拉諾也次且拜也寧惹傑

造作傷害他眾甚可悲

༣ གཞན་གནོད་མི་དགེའི་ལས་ཀྱི་འབྲས་བུ་ཡིས།།

賢諾也米格也列也吉拆普以

害他不善業之果報故

ངན་སོང་སྡུག་བསྔལ་མྱོང་བ་སྙིང་རེ་རྗེ།།

年頌篤涅也儂瓦寧惹傑

將受惡趣之苦甚可悲

༤ ངན་སོང་ལན་གཅིག་སྐྱེས་པས་མི་ཆོག་སྟེ།།

年頌蓮記給貝彌卻地

非僅一次受生於惡趣

མཐའ་མེད་འཁོར་བར་འཁྱམས་དགོས་སྙིང་རེ་རྗེ།།

踏滅闊瓦爾強故寧惹傑

無邊徘徊輪迴甚可悲

༥ འཁོར་བར་མི་ཚེ་སྡུག་ལ་བསྐྱལ་བའི་སྐབས།།

闊瓦爾迷次篤拉該拉威也噶巴

輪迴人生送往惡趣時

རེ་ས་བུ་ལས་མེད་པ་སྙིང་རེ་རྗེ།།

瑞薩普列也美也巴寧惹傑

指望唯子無他甚可悲

༧ བདག་ལ་བྱུང་བའི་ནད་འདི་ཡིས།།

達拉瓊威也乃也滴以

願以我患此疾病

ལས་ཉོན་ཤེས་བྱའི་སྒྲིབ་པ་དང་།།

來也扭謝切也折巴巴倘

業障煩惱所知障

གནོད་བྱེད་གཙོ་བྱས་འགྲོ་ཀུན་གྱི།།

諾也切作且卓袞吉

做害為主有情眾

སྡུག་བསྔལ་མ་ལུས་བྱང་གྱུར་ཅིག།

篤涅也瑪呂強究爾記

一切痛苦皆清淨

༢ རང་ལུས་ཡི་དམ་སྤྱན་རས་གཟིགས།།
攘呂宜當間熱也思
己身本尊觀世音

ཞལ་གཅིག་ཕྱག་བཞི་སྐུ་མདོག་དཀར།།
霞極恰晢骨朵噶爾
一面四臂白色身

དྭངས་གསལ་འོད་ཀྱི་རང་བཞིན་ཅན།།
瑺瑟偉吉攘形間
清明光之自性者

ཁོང་སྟོང་ཤེལ་བུམ་ལྟ་བུར་བསྒོམ།།
空東謝澎達普爾恭
內空觀如水晶瓶

༣ ལྟེ་འོག་རྩ་གསུམ་འདུས་མདོ་རུ།།
迭哦匝松度也朵如
臍下三脈匯集處

དྲིན་ཅན་རྩ་བའི་བླ་མ་བཞུགས།།
敬間扎威也喇嘛秀
具恩根本上師住

བདག་དང་འགྲོ་བ་སེམས་ཅན་གྱི།།
達倘卓瓦森間吉
祈請我與有情眾

ནད་གདོན་ཞི་བར་མཛད་དུ་གསོལ།།
涅也敦息哇爾則篤梭
一切病魔皆息止

བླ་མའི་སྐུ་ལས་འོད་ཟེར་འཕྲོས།།
喇美也古列也偉瑟綽也
上師身中放光芒

ལུས་གང་འོད་དམར་མེ་ལྕེའི་གཟུགས།།
侶康偉瑪爾美極宿
滿身紅光火舌身

འོག་སྒོ་རྐང་མཐིལ་ནས་ཐོན་ནས།།
哦果綱踢內也脫南乃也
下門腳心處所出

ས་འོག་གཏིང་དུ་འགྲོ་བར་བསྒོམ།།
薩哦定篤卓瓦爾恭
觀想進入地深處

༩ མཐར་ནི་མི་རྟོག་ངང་གནས་ཚེ།། རང་བབས་མ་བཅོས་ལྷུག་པར་འཇོག།

塔霓密多讓乃彩 攘帕瑪覺呼巴爾久

最終住於無念時 自然無為令放鬆

༥ བདག་གི་དམིགས་པ་བསྒོམ་པ་འདིས།། མཁའ་མཉམ་སེམས་ཅན་མ་ལུས་པ།།

達計密巴恭巴笛 卡釀森間瑪呂巴

願以我做此觀修 量等虛空有情眾

སྡུག་བསྔལ་ཆེ་ལས་རབ་ཐར་ནས།། བདེ་ཆེན་རྒྱལ་བའི་ས་ཐོབ་ཤོག།

篤涅也切列也熱巴它爾內也 德慶給威也薩陀秀

徹底脫離大苦已 獲得大樂勝者地

དམིགས་པ་གེགས་སེལ་གྱི་ཉེར་མཁོར་རྨོངས་པ་རྟུས་སྦྱར་བའོ།།

觀修除障必備文，愚惹那名者撰。

འཛར་མན་དྷརྨ་ཀིརྟིའི་ཆོས་ཚོགས་སུ་བྲིས་པའོ།།འགྲོ་ཀུན་ནད་ལས་གྲོལ་གྱུར་ཅིག

2014/07/18 寫於德國法稱佛學會中，願一切眾生從病苦中解脫。

༄༅། །མ་ཅིག་གྲུབ་པའི་རྒྱལ་མོ་ཚེ་སྒྲུབ་འཆི་མེད་ཀུན་སྩོལ།། 瑪吉珠貝傑摩佛母的賜予無死長壽佛儀軌

༄༅། །བླ་མ་དང་ལྷག་པའི་ལྷ་ལ་ཕྱག་འཚལ་ལོ། །
喇嘛倘拉貝拉喇恰擦洛
敬禮上師與本尊！

ཚེ་དཔག་མེད་གྲུབ་རྒྱལ་མའི་དབང་བསྐུར་ཤིན་ཏུ་བསྡུས་པ་བྱེད་ན། རྡུལ་ཚོན་ནམ་མེ་ཏོག་གི་ཚོམ་བུ་ལྔའི་དབུས་སུ་ཚེ་གཏོར་སྤྱི་ལྟ་བུར་ཚེ་དཔག་མེད་ཀྱི་སྐུ་དང་བཅས་པ། གཞན་ཡང་ཚེ་ཟན། ཚེ་ཆང་། མདའ་དར། མཆོད་པ་སྔོན་འགྲོའི་གཏོར་མ་དང་བཅས་པ་བཤམས། སློབ་དཔོན་གྱི་མདུན་དུ་རྡོར་དྲིལ་ལས་བུམ་སོགས་ཉེར་མཁོ་འདུ་བྱ། སྐྱབས་སེམས་སྔོན་དུ་བཏང་ནས། སྔོན་འགྲོའི་གཏོར་མ་སྤྱི་ལྟར་བྱིན་བརླབས་ནས་བསྔོས་ལ། དེ་ནས་ཐུན་བཞིའི་གསོལ་འདེབས་ནི།

修珠貝傑摩佛母的長壽佛時，彩沙成五束花中央放一個有長壽佛像的長壽食子，另外要有壽球、壽酒、彩箭、供品，前行食子等擺設，前面放好金剛鈴、杵與寶瓶等。修皈依與發心後，前行食子與往常一樣加持並供養，然後，四課祈請文是：

བྱིན་རླབས་ཀུན་འདུས་རྩ་བརྒྱུད་བླ་མ་དང་། །
晴拉袞堆札舉喇嘛倘
加持總集傳承根本師！

དངོས་གྲུབ་མཆོག་སྩོལ་བཅོམ་ལྡན་ཚེ་ཡི་ལྷ། །
俄珠秋昨炯滇策宜拉
賜予殊勝成就長壽佛

མི་མཐུན་འཇོམས་མཛད་མཁའ་འགྲོ་ཆོས་སྐྱོང་ལ། །
米吞炯則康卓卻炯拉
破除逆緣空行護法眾

རྩེ་གཅིག་གདུང་བའི་ཡིད་ཀྱིས་གསོལ་བཏབ་ན། །
噴紀董威益記梭大那
我以一心至誠作祈禱

ཐུགས་རྗེས་བདག་སོགས་མཁའ་ཁྱབ་ལུས་ཅན་རྣམས། །
吐傑達梭卡恰呂堅南
悲憫眷顧我等諸有情

འཆི་མེད་གོ་འཕང་ས་ལ་འགོད་གྱུར་ཅིག །
其美果旁薩拉果久紀
令皆安置無死之果位

ཅེས་པ་འདི་བསྟན་འཛིན་འགྲོ་འདུལ་གྱིས་མཛད།
/ 此頌是丹增竹頓所寫

མཆོད་པ་རྣམས།
對供品

ཨོཾ་བཛྲ་སྥ་ར་ཎ་ཁཾ། ཨོཾ་སརྦ་བིདྱ་པཱུ་ར་པཱུ་ར་སུ་ར་སུ་ར་ཨཱ་བརྟ་ཡ་ཨཱ་བརྟ་ཡ་ཧཱུྃ༔
嗡 班雜沙帕惹那抗 嗡沙哇比大雅 布惹布惹
蘇惹蘇惹 阿哇爾達雅 阿哇爾達雅 霍

ཞེས་ལན་གསུམ་གྱིས་བྱིན་གྱིས་བརླབས་ནས།
/ 誦三次來加持，然後

རང་ཚེ་དཔག་མེད་དུ་གསལ་བའི་ཐུགས་ཀའི་ས་བོན་གྱི་འོད་ཀྱིས་
ཕྱོགས་བཅུའི་རྒྱལ་བ་
讓策巴美度色威吐歌薩班吉哦吉秋久傑哇
自身顯現長壽佛，心間種子字放光，
十方諸佛及眷屬，

འཁོར་བཅས་ཚེ་དཔག་མེད་ཀྱི་རྣམ་པར་མདུན་གྱི་ནམ་མཁར་སྤྱན་དྲངས།
闊界且巴美紀南巴頓吉南卡堅章
俱以長壽佛的形相迎請至面前虛空中。

བཛྲ་ས་མ་ཡ་ཛཿ པདྨ་ཨཱ་ས་ན་ཏིཥྛ་སྭཱ། ན་མཿསརྦ་ཏ་ཐཱ་ག་ཏ་ས་པ་རི་ཝཱ་ར་པཱ་ད་བནྡ་ནཾ་ཀ་རོ་མི།

嗡 班雜沙瑪雅雜 貝瑪阿沙那迪札 沙達姆 南瑪沙哇達他卡達 沙巴日哇惹 巴底滇達南 嘎惹米

ཨོཾ་སརྦ་ཏ་ཐཱ་ག་ཏ་ས་པ་རི་ཝཱ་ར་ཨརྒྷཾ་པྲ་ཏཱིཙྪ་སྭཱ་ཧཱ། ནས་ཤབྡའི་བར་གྱིས་མཆོད།

嗡 沙哇 大踏噶達 沙巴日哇惹…阿岡、巴當、布貝、獨貝、阿洛給、甘碟、內衛碟、夏打…巴日阿底雜 梭哈 ／做供養

བསྟོད་པར་འོས་པ་ཐམས་ཅད་ལ།།
多巴偉巴湯界拉
身如淨土之塵埃

ཞིང་རྡུལ་ཀུན་གྱི་གྲངས་སྙེད་ཀྱི།།
形篤袞吉章念吉
殊勝虔誠之信心

ལུས་བཏུད་པ་ཡིས་རྣམ་ཀུན་ཏུ།།
呂對巴宜南袞度
恆常讚頌與頂禮

མཆོག་ཏུ་དད་པས་བསྟོད་པར་བགྱི།།
秋度碟貝多巴吉
一切應該讚頌者

ཞེས་བསྟོད།

／以此來讚頌

དཀོན་མཆོག་གསུམ་ལ་བདག་སྐྱབས་མཆི།།
昆秋松拉達架企
無上三寶我皈依

སྡིག་པ་མི་དགེ་སོ་སོར་བཤགས།།
底巴米給梭梭夏
不善罪業皆懺悔

འགྲོ་བའི་དགེ་ལ་རྗེས་ཡི་རང་།།
卓威給拉傑宜讓
眾生諸善盡隨喜

སངས་རྒྱས་བྱང་ཆུབ་ཡིད་ཀྱིས་གཟུང་།།
桑傑強秋宜紀聳
正覺菩提意中持

སངས་རྒྱས་ཆོས་དང་ཚོགས་མཆོག་ལ། །
桑給卻倘措秋拉
諸佛正法及聖眾

བྱང་ཆུབ་བར་དུ་བདག་སྐྱབས་མཆི། །
強秋琶度達架企
直至菩提我皈依

རང་གཞན་དོན་ནི་རབ་བསྒྲུབ་ཕྱིར། །
讓賢屯尼惹竹企
圓滿自他利益故

བྱང་ཆུབ་སེམས་ནི་བསྐྱེད་པར་བགྱི། །
強秋森尼紀巴吉
我今發起菩提心

བྱང་ཆུབ་མཆོག་གི་སེམས་ནི་བསྐྱེད་བགྱིད་ནས། །
強秋秋計森尼界吉內
既發最上菩提心

སེམས་ཅན་ཐམས་ཅད་བདག་གིས་མགྲོན་དུ་གཉེར། །
森間湯界達計準讀涅
饒益一切諸有情

བྱང་ཆུབ་སྤྱོད་མཆོག་ཡིད་འོང་སྤྱད་པར་བགྱི། །
強秋掘秋宜嗡界巴吉
菩提妙行皆修行

འགྲོ་ལ་ཕན་ཕྱིར་སངས་རྒྱས་འགྲུབ་པར་ཤོག །
卓拉片企桑給竹巴修
為利眾生願成佛

ཅེས་གསུམ་གྱིས་ཚོགས་བསགས་ནས།
/ 誦三次來集資糧

ཚོགས་ཞིང་རྣམས་རང་ལ་ཐིམ་པར་གྱུར། པར་བསམ།
措形南讓拉聽巴久
皈依境眾融入吾自身 / 如是觀想

ཨོཾ་སྭ་བྷཱ་ཝ་ཤུདྡྷཿསརྦ་དྷརྨཱཿསྭ་བྷཱ་ཝ་ཤུདྡྷོ྅ཧཾ།

嗡 梭巴瓦 修達 薩爾瓦 達爾瑪 梭巴瓦 修朵 杭

བདག་གཞན་དེར་འཛིན་གྱི་རྟོག་པ་དངོས་པོར་འཛིན་པ་ཐམས་ཅད་སྟོང་པ་ཉིད་དུ་གྱུར།

達賢碟增傑多巴俄波增巴湯界東巴尼度久

我與其它一切執物之念觀為空，

དེའི་ངང་ལས་སྣ་ཚོགས་པདྨ་དང་ཟླ་བའི་གདན་ལ་བདག་དང་གཏེར་མ་ཡི་གེ་ཧྲཱིཿདམར་པོ་རིང་ཆ་ཚེག་དྲག་དང་བཅས་པ་ལས་འོད་འཕྲོས།

碟昂類那措貝瑪倘達威滇拉達倘多瑪宜給啥瑪波仁洽切札倘界巴類威吹

從空性中升起雜色蓮花月輪，其上自心與長壽寶瓶觀想為紅色啥字，啥字放光完成二利。

དོན་གཉིས་བྱས་ཚུར་འདུས་ཧྲཱིཿལ་ཐིམ།

屯逆結促讀啥拉聽

光收回融入啥字，

དེ་ཡོངས་སུ་གྱུར་པ་ལས་མགོན་པོ་ཚེ་དཔག་མེད་སྐུ་མདོག་དམར་པོ་སྣང་ལ་རང་བཞིན་མེད་པ་མཚན་དཔེས་བརྒྱན་པ་ཞལ་གཅིག་ཕྱག་གཉིས་པ།

碟永東久巴類袞波策巴美姑朵瑪波囊拉讓新美巴參貝簡巴寫紀洽逆巴

啥字化現長壽佛，身紅色，顯而無自性，具足莊嚴微妙相，一面二臂，

དབུ་སྐྲ་རལ་པའི་ཅོད་པན་རིན་པོ་ཆེ་སྣ་ཚོགས་པའི་དབུ་རྒྱན། སྙན་རྒྱན།
མགུལ་རྒྱན། དོ་ཤལ། ཕྱག་གདུབ། ཞབས་གདུབ་ལ་སོགས་པ་འོད་
འཕྲོས་པས་མཛེས་པ།
鄔札惹貝掘班仁波切那措貝鄔簡 聶簡 古簡
朵謝 洽讀 夏讀拉 梭巴偉吹威味接巴
頭上頂髻有各種珠寶裝飾 --- 寶冠、耳環、
長項鍊、短項鍊、手環、腳環，

དར་སྣ་ཚོགས་ཀྱི་སྟོད་གཡོགས་དང་སྨད་གཡོགས་ཅན།
大那措紀堆優當味優間
由各種絲綢製成的上下天衣，

ཕྱག་གཉིས་མཉམ་བཞག་གི་སྟེང་ན་འཆི་མེད་ཚེའི་བདུད་རྩིས་གང་བའི་བུམ་པ་ཁ་
རྒྱན་མགུལ་ཆིངས་ཀྱིས་སྤྲས་པ་བསྣམས་པ།
洽逆娘狹記典那企美切篤記扛威棚巴卡簡古
慶紀這巴南巴
雙手結定印，手中有充滿無死甘露的寶瓶，
瓶上彩帶燦耀，

ཞབས་རྡོ་རྗེའི་སྐྱིལ་མོ་ཀྲུང་གིས་བཞུགས་པའི་དཔྲལ་བར་ཨོཾ། མགྲིན་པར་ཨཱཿ
ཐུགས་ཀར་ཧཱུྃ་
夏多傑紀摩中記修貝 札哇嗡 錦巴啊 土噶吽
雙腳金剛跏趺坐，額上嗡字，喉間啊字，心間吽字，

གིས་མཚན་པ་ལས་འོད་འཕྲོས་པས་བསྒོམས་པ་དང་འདྲ་བའི་ཡེ་ཤེས་པ་སྤྱན་དྲངས།
給參巴類威吹貝汞巴倘札威耶謝巴堅章
三處同時放光迎請與所觀相同的原智尊降臨，

ཛཿཧཱུྃ་བཾ་ཧོཿ གཉིས་སུ་མེད་པར་ཐིམ།
雜吽邦霍　逆東美巴聽
雜吽邦霍，融為無二，

སྙིང་ཡང་ཐུགས་ཀའི་ས་བོན་ལས་འོད་འཕྲོས་པས་དབང་གི་ལྷ་རིགས་ལྔ་སྤྱན་དྲངས།
拉揚吐給薩捧類威吹貝旺給拉日雅(台)堅章
心間種子字放光，迎請五方佛的灌頂尊，

ཨོཾ་བཛྲ་ཀུ་ལ་ས་པ་རི་ཝཱ་ར་ཨརྒྷཾ་པྲ་ཏཱིཙྪ་སྭཱ་ཧཱ། ནས་ཤབྡའི་བར་གྱིས་མཆོད།
嗡　班雜　咕拉　沙巴日哇惹… 阿岡、巴當、
布貝、獨貝、阿洛給、甘碟、內衛碟、夏打…
巴日阿底雜　梭哈　/如此供養

ཨོཾ་སརྦ་ཏ་ཐཱ་ག་ཏ་ཨ་བྷི་ཥེ་ཀ་ཏ་སྨཾ།
嗡　沙哇　大踏噶達　阿比肯咱　杜　忙

ཞེས་གསོལ་བ་བཏབ་པས་དབང་གིས་ལྷས་ཨོཾ་སརྦ་ཏ་ཐཱ་ག་ཏ་
ཨ་བྷི་ཥེ་ཀ་ཏ་ས་མ་ཡ་ཤྲཱི་ཡེ་ཧཱུྃ།
謝梭哇大貝旺給類 嗡沙哇 大踏噶達
阿比肯 噶達沙瑪雅 西利耶吽
如此祈請故灌頂尊曰：嗡　沙哇　大踏噶達
阿比肯　嘎打　沙瑪雅　西利也吽

ཞེས་བུམ་པའི་ཆུས་དབང་བསྐུར། སྐུ་གང་། དྲི་མ་དག་ཆུ་ལྷག་མ་ལས་འོད་དཔག་
མེད་ཀྱིས་དབུ་བརྒྱན།
謝彭貝曲旺姑 姑岡 尺瑪達秋拉瑪類威巴美吉屋簡
如是說，五方佛以寶瓶灌頂，身盛滿甘露水
清淨污垢，瓶水由頂溢出，化現無量光佛，

དབང་ལྷ་རྣམས་རང་ཉིད་ལ་ཐིམ་པར་གྱུར།
旺拉南讓尼拉聽巴久
諸灌頂尊融入自身。

ཨོཾ་སརྦ་ཏ་ཐཱ་ག་ཏ་ཨཱ་ཡུ་ཛྙཱ་ན་ས་པ་རི་ཝཱ་ར་ཨརྒྷཾ་པྲ་ཏཱིཙྪ་སྭཱ་ཧཱ། ནས་ཤབྡའི་བར་གྱིས་མཆོད།
嗡 沙哇 大踏噶達 阿優佳那 沙巴日瓦惹…阿岡、巴當、布貝、獨貝、阿洛給、甘碟、內衛碟、夏打…巴日阿底雜 梭哈 ／來供養

འཇིག་རྟེན་འདྲེན་པའི་གཙོ་བོ་ཚེ་དཔག་མེད།།
吉旦真貝昨窩策巴美
救渡世間主尊長壽佛

དུས་མིན་འཆི་བ་མ་ལུས་འཇོམས་མཛད་དཔལ།།
讀民企哇瑪呂炯最貝
摧破非時死亡吉祥者

མགོན་མེད་སྡུག་བསྔལ་གྱུར་པ་རྣམས་ཀྱི་སྐྱབས།།
袞美讀雅(台)久巴南紀架
無依痛苦眾生之怙主

སངས་རྒྱས་ཚེ་དཔག་མེད་ལ་ཕྱག་འཚལ་ལོ།།
桑給策巴美拉恰擦洛
無量壽佛尊前我頂禮

བསྐོད་པར་འོས་པ་ཐམས་ཅད་ལ།། ཞིང་རྡུལ་ཀུན་གྱི་གྲངས་སྙེད་ཀྱི།།
多巴偉巴湯界拉 形篤袞吉章念吉
身如淨土之塵埃 殊勝虔誠之信心

ལུས་བཏུད་པ་ཡིས་རྣམ་ཀུན་ཏུ། ། མཆོག་ཏུ་དད་པས་བསྟོད་པར་བགྱི། །

呂對巴宜南袞度　　　　秋度碟貝多巴吉

恆常讚頌與頂禮　　　　一切應該讚頌者

ཐུགས་ཀར་ཟླ་བའི་དབུས་ཧྲཱིཿཡིག་གི་མཐར་སྔགས་ཀྱིས་བསྐོར་བ་ལས་འོད་འཕྲོས།

吐噶達威衛速啥宜給塔俄吉郭哇類威吹

在心間月輪中央有啥字，被咒語圍繞放光，

འགྲོ་བའི་དོན་བྱས། སངས་རྒྱས་བྱང་སེམས་རྣམས་ཀྱི་བྱིན་རླབས་བསྡུས་ནས་སྔགས་ཕྲེང་ས་བོན་དང་བཅས་པ་ལ་ཐིམ་པར་བསམས་ལ།

卓威屯吉 桑給強森南紀晴樂讀內俄成薩朋倘界巴拉聽巴久

利益眾生，諸佛菩薩的加持，收回融入種子字與咒鬘裡。 ／如此觀想

ཚེ་གཟུངས།

唸長壽陀羅尼

ཨོཾ་ན་མོ་བྷ་ག་ཝ་ཏེ། ཨ་པ་རི་མི་ཏ་ཨཱ་ཡུརྫྙཱ་ན་སུ་བི་ནི་ཤྩི་ཏ་ཏེ་ཛོ་རཱ་ཛཱ་ཡ། ཏ་ཐཱ་ག་ཏ་ཡ། ཨརྷ་ཏེ་སམྱཀྶཾ་བུདྡྷཱ་ཡ།

嗡 南摩巴嘎哇喋 阿巴日米大 啊優佳那 蘇比尼自達喋作 惹札雅 大踏噶達雅 阿哈喋三藐三布達雅

ཏདྱ་ཐཱ། ཨོཾ་པུཎྱེ་པུཎྱེ། མ་ཧཱ་པུཎྱེ། ཨ་པ་རི་མི་ཏ་པུཎྱེ། ཨ་པ་རི་མི་ཏ་པུཎྱེ་ཛྙཱ་ན་སཾ་བྷཱ་རོ་པ་ཙི་ཏེ། ཨོཾ་སརྦ་སཾ་སྐཱ་ར་པ་རི་ཤུདྡྷ་དྷརྨ་ཏེ་ག་ག་ན་ས་མུདྒ་ཏེ་སྭ་བྷཱ་ཝ་བི་ཤུདྡྷེ་མ་ཧཱ་ན་ཡ་པ་རི་ཝཱ་རེ་སྭཱ་ཧཱ། ཉེར་གཅིག་བཟླ།

爹雅他 嗡 布捏耶 布捏耶 瑪哈布捏耶 阿巴日米大布捏耶 阿巴日米大布捏耶 佳那桑巴 若巴自地 嗡撒哇桑嘎惹 巴日秀達 達瑪喋 卡卡那 薩木嘎喋 梭巴哇比休達 瑪哈那雅 巴日哇瑞 梭哈 ／誦二十一次

ཨོཾ་ཨ་མ་ར་ཎི་ཛཱི་ཝནྟི་ཡེ་སྭཱ་ཧཱ། ཅི་འགྲུབ་བཟླ།

嗡 阿瑪日阿尼 自以溫地耶 梭哈 / 盡力持誦

ཐུན་མཚམས་སུ་གཏོར་མ་འབུལ་བ་ནི། དཀར་གཏོར་ལ་ཆུ་བྲན་ལ།

課間供食子是： 給白食子灑水

ཨོཾ་བཛྲ་ཨ་མྲྀ་ཏ་ཀུཎྜ་ལི་ཧ་ན་ཧ་ན་ཧཱུྃ་ཕཊ། བསངས།

嗡 班雜 阿密打 棍雜里 哈那哈那 吽呸 / 來清淨

།ཨོཾ་སྭ་བྷཱ་ཝ་ཤུདྡྷཱཿསརྦ་དྷརྨཱཿསྭ་བྷཱ་ཝ་ཤུདྡྷོ྅ཧཾ། སྦྱངས།

嗡 梭巴瓦 修達 薩爾瓦達爾瑪 梭巴瓦 修朵 杭 / 來鍊

སྟོང་པའི་ངང་ལས་བྲཱུྃ་ལས་བྱུང་བའི་རིན་པོ་ཆེའི་སྣོད་ཡངས་ཤིང་རྒྱ་ཆེ་བའི་ནང་དུ་
ཨོཾ་ཨཱཿཧཱུྃ་འོད་དུ་ཞུ་བ་ལས་བྱུང་བའི་ལྷ་རྫས་ལས་གྲུབ་པའི་གཏོར་མ་

東貝昂類仲類炯威仁波切內揚新甲企威囊度
嗡啊吽 威度修哇類炯威拉這類珠貝多瑪

由空性中仲字化現極寬廣的珍寶器皿，
其裡有嗡啊吽字化光為天物所成的食子，

ཁ་དོག་དྲི་རོ་ནུས་པ་ཕུན་སུམ་ཚོགས་པ་འདོད་པའི་ཡོན་ཏན་ལྔ་དང་ལྡན་པ་
བདུད་རྩིའི་རྒྱ་མཚོ་ཆེན་པོར་གྱུར།

卡多止若努巴平松措巴讀貝圓登雅(台)倘
滇巴讀記甲措千波久

顏色香味等殊勝的具五妙欲功德的甘露大海。

ཨོཾ་ཨཱཿཧཱུྃ་ཧ་ཧོ་ཧྲཱིཿ གསུམ་གྱིས་བྱིན་རླབས་ལ།

嗡啊吽 哈伙啥 / 誦三次來加持

ཨོཾ་ཨཱ་ཡུ་ར྄ྫ་ན་ས་པ་རི་ཝཱ་ར་ཨི་དཾ་བ་ལིཾ་ཏ་ཁ་ཁ་ཁཱ་ཧི་ཁཱ་ཧི།
ལན་གསུམ་མམ་བདུན་ནམ་ཉེར་གཅིག་གིས་ཕུལ་ནས།

嗡 阿優佳那 沙巴日哇惹 依當琶林打
卡卡 卡嘻卡嘻 ／誦三至七次或二十一次來獻供

ཐལ་མོ་སྦྱར་ཏེ།
合掌

བཅོམ་ལྡན་འདས་འཁོར་དང་བཅས་པས་མཆོད་སྦྱིན་གྱི་གཏོར་མ་རྒྱ་ཆེན་པོ་
འདི་བཞེས་ལ།
炯滇碟闊當界貝曲金吉多瑪甲千波底寫拉
如來及眷屬請納受廣大食子及供品，歡喜故，

མཉེས་པས་བདག་ཅག་གི་དཔལ་ལྡན་བླ་མ་དམ་པའི་སྐུ་ཚེ་དང་འཕྲིན་ལས་
ཆེས་ཆེར་རྒྱས་པ་དང་།
聶貝達加給巴滇喇嘛黨貝姑策倘赤列切切傑巴倘
請加持我們吉祥上師的壽與事業增盛，

དེ་དག་ལ་བར་དུ་གཅོད་པའི་མི་མཐུན་པའི་ཕྱོགས་ཐམས་ཅད་ཉེ་བར་ཞི་བ་དང་།
碟達拉巴度就貝米吞貝秋唐界尼哇西哇倘
息滅一切阻礙等諸逆緣，

མཐའ་ཡས་པའི་སེམས་ཅན་ཐམས་ཅད་དུས་མ་ཡིན་པར་འཆི་བ་ལ་སོགས་
པའི་འཇིགས་པ་ཆེན་པོ་བརྒྱད་དང་
塔也貝森間唐界對瑪營貝企哇拉梭貝吉巴
千波傑倘
無量的一切眾生自非時死亡等八大災難，

བཅུ་དྲུག་ལས་ཐར་ཞིང་ནད་མཚོན་མུ་གེ་འཁྲུག་རྩོད་ལ་སོགས་པའི་བསྐལ་པ་
མི་འབྱུང་བར་རྫོགས་ལྡན་གྱི་དཔལ་ཡོན་ལྟ་བུ་ལ་ལོངས་སྤྱོད་པ་དང་།

究竹類他形內村甸克處則拉梭貝噶巴米烔哇
昨滇結貝淵大布拉龍究巴倘

及十六大災難中得解脫，能享受無旱災戰亂
等太平賢時，

བདག་དང་སྦྱིན་པའི་བདག་པོ་དུས་མ་ཡིན་པར་འཆི་བ་ལ་སོགས་པའི་ཉེར་འཚེ་
ཐམས་ཅད་ཞི་ཞིང་བསམ་པའི་དོན་ཐམས་ཅད་ཆོས་ལྡན་དུ་འགྲུབ་པ་དང་།

達倘僅見達波讀瑪隱巴企哇拉梭貝逆切
湯界西形森貝屯康界卻滇度竹巴倘

息滅我與施主的非時死亡等一切災難，
並且法事如願，

དེ་དག་ལ་བར་དུ་གཅོད་པའི་ཉེར་འཚེ་ཐམས་ཅད་མི་འབྱུང་ཞིང་ཚེ་དང་བསོད་
ནམས་དཔལ་འབྱོར་ཐམས་ཅད་ཡར་ངོའི་ཟླ་བ་ལྟར་འཕེལ་ཞིང་རྒྱས་པ་དང་།

碟大拉巴度就貝逆採湯界米烔形策倘索南貝久
湯界亞俄達哇大培形傑巴倘

無有惡因及逆緣，壽命福報財富皆如上旬月增長，

མཐར་ཐུག་རྣམ་པ་ཐམས་ཅད་མཁྱེན་པ་རྒྱལ་བ་འོད་མཚན་མགོན་པོའི་གོ་འཕང་
བདེ་བླག་ཏུ་འགྲུབ་པ་དང་།

塔度南巴湯界千巴傑哇威層袞波果旁爹
拉尼度竹巴倘

最終能成就遍知無量光佛的果位，

དེ་མ་ཐོབ་ཀྱི་བར་དུ་ཚེ་རབས་ཐམས་ཅད་དུ་བཅོམ་ལྡན་འདས་ཁྱོད་ཉིད་ལྷག་པའི་ལྷར་འཛིན་ཅིང་མི་འབྲལ་བར་བྱིན་གྱིས་རློབ་ཅིང་དངོས་གྲུབ་རྣམ་པ་གཉིས་སྩོལ་བའི་འཕྲིན་ལས་ཐོགས་པ་མེད་པར་འགྲུབ་པར་བྱིན་གྱིས་བརླབ་ཏུ་གསོལ།
ཅེས་གསོལ་བ་བཏབ།

碟瑪托吉巴度切惹湯界度 炯滇碟秋尼拉貝拉
僅近米札哇僅吉洛晴俄珠南巴逆昨偉赤列托巴
美竹巴晴傑拉度梭

未成就以前生生世世，如來你為我之本尊，
不離祈加持，並請加持二種悉地及事業，
無阻成就。　/如此祈禱

ཨོཾ་བཛྲ་སྥ་ར་ཎ་ཁཾ། ཨོཾ་སརྦ་བིདྱ་པཱུ་ར་པཱུ་ར་སུ་ར་སུ་ར་ཨཱ་བརྟ་ཡ་ཨཱ་བརྟ་ཡ་ཧོཿ
ལན་གསུམ་གྱིས་མཆོད་པ་བྱིན་བརླབས་ལ།

嗡 班雜 沙帕惹那抗 嗡 沙哇比大雅 布惹布惹
蘇惹蘇惹 阿哇爾達雅 阿哇爾達雅霍　/誦三次來加持供品

ཨོཾ་སརྦ་ཏ་ཐཱ་ག་ཏ་ས་པ་རི་ཝཱ་ར་ཨརྒྷཾ་པྲ་ཏཱིཙྪ་སྭཱ་ཧཱ་ནས་ཤབྡའི་བར་གྱིས་མཆོད།

嗡 沙哇 大踏噶達 沙巴日瓦惹…阿岡、巴當、
布虛貝、獨貝、阿洛給、甘碟、內衛碟、夏打…
巴日阿底雜 梭哈　/來供養

འཇིག་རྟེན་འདྲེན་པའི་གཙོ་བོ་ཚེ་དཔག་མེད།།
吉旦真貝昨窩策巴美
救渡世間主尊長壽佛

དུས་མིན་འཆི་བ་མ་ལུས་འཇོམས་མཛད་དཔལ།།
讀民企哇瑪呂炯最貝
摧破非時死亡吉祥者

མགོན་མེད་སྡུག་བསྔལ་གྱུར་པ་རྣམས་ཀྱི་སྐྱབས། །

袞美讀雅(台)久巴南紀架

無依痛苦眾生之怙主

སངས་རྒྱས་ཚེ་དཔག་མེད་ལ་ཕྱག་འཚལ་ལོ། །

桑給策巴美拉恰擦洛

無量壽佛尊前我頂禮

མ་འབྱོར་བ་དང་ཉམས་པ་དང་། །

瑪久哇倘娘巴倘

無能力故破損故

གང་ཡང་བདག་རྨོངས་བློ་ཡིས་ནི། །

崗揚達夢洛易尼

任何我心無明故

བགྱིས་པ་དང་ནི་བགྱིད་སྐུལ་གང་། །

結巴倘尼吉哉崗

所作或者教人作

དེ་ཀུན་མགོན་པོས་བཟོད་པར་མཛོད། །

碟貢袞波東巴最

這些怙主請寬容

ཡིག་བརྒྱ་བརྗོད། སྨོན་ལམ་ནི།

唸百字明咒，迴向是：

ཧྲཱིཿ བཅོམ་ལྡན་མགོན་པོ་ཚེ་དཔག་མེད། །

啥 炯滇袞波策巴美

啥！怙主長壽如來尊

བསྙེན་ཅིང་བསྒྲུབས་པའི་དགེ་བ་འདིས། །

逆紀竹貝給哇底

皈依修持此善業

བདག་སོགས་འགྲོ་ཀུན་མ་ལུས་པ། །

達索卓貢瑪呂巴

我等一切諸眾生

ཚེ་ཡི་རིག་འཛིན་མཆོག་ཐོབ་ཤོག །

策宜仁增秋托修

願得長壽持明果

ཅེས་དང་། ཤིས་བརྗོད་ནི།

/ 如是唸，吉祥詞是

ཧྲཱིཿ སྨིན་གྲོལ་གདམས་པ་མཆོག་སྩོལ་བའི། །
啥！名珠黨巴秋昨威
啥！賜予成熟解脫口授法

རྩ་བརྒྱུད་བླ་མའི་བཀྲ་ཤིས་ཤོག །
札久拉美札西修
傳承根本上師願吉祥

མཆོག་ཐུན་དངོས་གྲུབ་སྩོལ་མཛད་པ། །
秋吞俄珠昨則巴
賜予殊勝一般之悉地

འཆི་མེད་མགོན་པོའི་བཀྲ་ཤིས་ཤོག །
企美袞波札西修
無死長壽至尊願吉祥

འགལ་རྐྱེན་བར་གཅོད་སེལ་མཛད་པ། །
給間巴就色則巴
能除惡因逆緣諸障礙

དམ་ཅན་རྒྱ་མཚོའི་བཀྲ་ཤིས་ཤོག །
當間甲措札西修
具誓護法大海願吉祥

༄༅། །ཀུ་ས་ལིའི་ཚོགས་གསོག

捨身積福口訣

༄༅། །ཀུ་ས་ལའི་ཚོགས་གསོག་ལུས་སྦྱིན་པའི་རྣལ་འབྱོར་ལ་བརྩོན་པར་འདོད་པས་དང་པོ།

《捨身積福》首先，作皈依發心

མར་གྱུར་ནམ་མཁའ་མཉམ་པའི་སེམས་ཅན་རྣམས། །

瑪久南卡娘貝森間南

願一切如母虛空眾生

བདེ་ལྡན་སྡུག་བསྔལ་བྲལ་ཞིང་སངས་རྒྱས་ཀྱི། །

碟滇杜揑扎形桑給記

皆能離苦因具足樂因

གོ་འཕང་བླ་ན་མེད་པ་ཐོབ་བྱའི་ཕྱིར། །

果旁拉那美巴拓且企

證得無上甚深菩提果

ཚོགས་གསོག་ལུས་ཀྱི་སྦྱིན་པའི་རྣལ་འབྱོར་བརྩོན། །

措梭呂記謹貝內久尊

精進努力實修捨身法

གཉིས་པ།

第二・正行

ཨོཾ་སྭ་བྷཱ་ཝ་ཤུདྡྷཱཿསརྦ་དྷརྨཱཿསྭ་བྷཱ་ཝ་ཤུདྡྷོ྅ཧཾ།

嗡 梭巴瓦 修達 薩爾瓦 達爾瑪 梭巴瓦 修朵 杭

ཕཊ་ རང་རིག་རྗེ་བཙུན་རྡོ་རྗེ་རྣལ་འབྱོར་མ། །

呸！讓日傑尊多傑內久瑪

呸！明觀自身金剛瑜伽母

རྒྱན་དང་སྐུ་མདོག་ཕྱག་མཚན་རྫོགས་པར་གྱུར། །
簡倘估豆恰千卓巴久
報身裝飾身相等莊嚴

ཕཊ མདུན་དུ་རང་ལུས་ཞེམ་པོ་གཅེར་བུ་ནི། །
呸！敦篤讓呂本波借布尼
呸！於前自身無暇赤裸身

ཚོ་ཞིང་སྨུམ་ལ་འདོད་པའི་ཡོན་ཏན་ལྡན། །
措形嫩拉朵貝永滇殿
無染具有妙欲之功德

ཕཊ མདུན་དུ་རླུང་མེའི་དཀྱིལ་འཁོར་ལ་གནས་པའི། །
呸！敦篤隆昧經闊拉內貝
呸！於前虛空風火壇城中

ཀཾ་ལས་ཐོད་པའི་སྒྱེད་བུ་གསུམ་གྱི་སྟེང་། །
岡類退貝給布松吉滇
岡字所化三角頭顱灶

ཕཊ ཕྱག་གཡས་ཆུ་གྲིས་བམ་གྱི་ཐོད་པ་བྲེགས། །
呸！恰耶促梯棒吉退巴徹
呸！右手持彎刀割捨頭部

ཕྱི་དཀར་ནང་དམར་སྟོང་གསུམ་ནམ་མཁའི་ཁྱོན། །
企噶囊瑪東松囊克瓊
外白內紅寬闊如虛空

ཕཊ། དེ་ནང་བམ་བསྐུར་རླུང་གཡོས་མེ་སྦར་ཞུ།།
呸！碟囊棒久隆約美巴修
呸！昇起風火燃燒融自身

ཉེས་སྐྱོན་དྲི་སྦྱང་བདུད་རྩི་དམར་པོར་གྱུར།།
捏君梯降篤記瑪波久
清淨諸過失化現甘露

ཕཊ། དེ་ལས་འོད་འཕྲོས་ཡེ་ཤེས་བདུད་རྩི་དྲངས།
呸！碟類偉吹耶謝篤記場
呸！散發光芒勾本智甘露

གཉིས་མེད་འདྲེས་པས་དཀར་ལ་དམར་མདངས་ལྡན།།
尼美策貝噶拉瑪倘滇
混合無二成白紅甘露

ཛ་ཧཱུྃ་བཾ་ཧོ་ཨོཾ་ཨཱཿཧཱུྃ། ལན་གསུམ།
雜吽邦霍　嗡啊吽 / 誦三次

ཕཊ། བདག་ཉིད་ཕྱག་གི་ཐོད་པས་བདུད་རྩི་བཙུད།།
呸！達尼恰記退貝篤記就
呸！自身手執顱器取甘露

དཀྱིལ་གནས་ཀུན་ལ་གཏོར་བས་འོག་མིན་ཞིང་།།
捏內昆拉多衛哦敏形
遍灑地獄道密嚴剎土

ཕཊ་ ཡང་ཅིག་བདུད་རྩིས་རེག་པས་དམྱལ་བ་རྣམས། །
呸！仰記篤記瑞貝揑哇南
呸！復灑甘露遍佈地獄故

སྒྲིབ་པ་གསུམ་སྦྱངས་རྗེ་བཙུན་མའི་སྐུར་གྱུར། །
直巴松講傑尊昧估久
淨三障化金剛瑜伽母

ཕཊ་ བདག་ཉིད་ཕྱག་གི་ཐོད་པས་བདུད་རྩི་བཅུད། །
呸！達尼恰記退貝篤記就
呸！自身手執顱器取甘露

ཡི་དྭགས་གནས་ཀུན་གཏོར་བས་འོག་མིན་ཞིང་། །
宜搭內昆多衛哦敏形
遍灑餓鬼道密嚴剎土

ཕཊ་ ཡང་ཅིག་བདུད་རྩིས་རེག་པས་ཡི་དྭགས་རྣམས། །
呸！仰記篤記瑞貝宜搭南
呸！復灑甘露遍佈餓鬼故

སྒྲིབ་པ་གསུམ་སྦྱངས་རྗེ་བཙུན་མའི་སྐུར་གྱུར། །
直巴松講傑尊昧估久
淨三障化金剛瑜伽母

ཕཊ་ བདག་ཉིད་ཕྱག་གི་ཐོད་པས་བདུད་རྩི་བཅུད། །
呸！達尼恰記退貝篤記就
呸！自身手執顱器取甘露

དུད་འགྲོའི་གནས་ཀུན་གཏོར་བས་འོག་མིན་ཞིང་། །

篤作內昆多衛哦敏形

遍灑畜生道密嚴剎土

ཕཊ ཡང་ཅིག་བདུད་རྩིས་རེག་པས་དུད་འགྲོ་རྣམས། །

呸！仰記篤記瑞貝堵作南

呸！復灑甘露遍佈畜牲故

སྒྲིབ་པ་གསུམ་སྦྱངས་རྗེ་བཙུན་མའི་སྐུར་གྱུར། །

直巴松講傑尊昧估久

淨三障化金剛瑜伽母

ཕཊ བདག་ཉིད་ཕྱག་གི་ཐོད་པས་བདུད་རྩི་བཅུད། །

呸！達尼恰記退貝篤記就

呸！自身手執顱器取甘露

མི་ཡི་གནས་ཀུན་གཏོར་བས་འོག་མིན་ཞིང་། །

米宜內昆多衛哦敏形

遍灑人間道密嚴剎土

ཕཊ ཡང་ཅིག་བདུད་རྩིས་རེག་པས་མི་རྣམས་ཀྱི། །

呸！仰記篤記瑞貝米南記

呸！復灑甘露遍佈人道故

སྒྲིབ་པ་གསུམ་སྦྱངས་རྗེ་བཙུན་མའི་སྐུར་གྱུར། །

直巴松講傑尊昧估久

淨三障化金剛瑜伽母

ཕཊ བདག་ཉིད་ཕྱག་གི་ཐོད་པས་བདུད་རྩི་བཙུད། །

呸！達尼恰記退貝篤記就

呸！自身手執顱器取甘露

ལྷ་མིན་གནས་ཀུན་གཏོར་བས་འོག་མིན་ཞིང་། །

拉敏內昆多衛哦敏新

遍灑非天道密嚴剎土

ཕཊ ཡང་ཅིག་བདུད་རྩིས་རེག་པས་ལྷ་མིན་རྣམས། །

呸！仰記篤記瑞貝拉敏南

呸！復灑甘露遍佈非天故

སྒྲིབ་པ་གསུམ་སྦྱངས་རྗེ་བཙུན་མའི་སྐུར་གྱུར། །

直巴松講傑尊昧估久

淨三障化金剛瑜伽母

ཕཊ བདག་ཉིད་ཕྱག་གི་ཐོད་པས་བདུད་རྩི་བཙུད། །

呸！達尼恰記退貝篤記就

呸！自身手執顱器取甘露

ལྷ་ཡི་གནས་ཀུན་གཏོར་བས་འོག་མིན་ཞིང་། །

拉宜內昆多衛哦敏形

遍灑天界道密嚴剎土

ཕཊ ཡང་ཅིག་བདུད་རྩིས་རེག་པས་ལྷ་རྣམས་ཀྱི། །

呸！仰記篤記瑞貝拉南記

呸！復灑甘露遍佈天道故

སྒྲིབ་པ་གསུམ་སྦྱངས་རྗེ་བཙུན་མའི་སྐུར་གྱུར། །

直巴松講傑尊昧估久

淨三障化金剛瑜伽母

ཕཊ མདུན་གྱི་ནམ་མཁར་བླ་མ་ཡི་དམ་དང་། །

呸！敦吉南卡喇嘛宜當倘

呸！面前虛空迎請上師尊

དཔའ་བོ་མཁའ་འགྲོ་དཀོན་མཆོག་ཆོས་སྐྱོང་བཅས། །

巴沃堪卓昆秋卻炯界

勇父空行三寶護法等

རིགས་དྲུག་དག་པ་ཐུགས་རྗེའི་མགྲོན་གྱི་ཚོགས། །

瑞促打巴吐界敦吉措

於諸六道清淨供養處

གཞན་གྱི་རིག་སྔགས་གནོད་འདྲེ་གདོན་བྱེད་བགེགས། །

賢記瑞達貝這捏切給

詛咒作害以及魔障等

མངོན་སུམ་སྤྲིན་གྱི་ཕུང་པོ་ལྟ་བུར་བསམས། །

溫松釘吉朋波大卜桑

虛空現前積聚如雲堆

ཧཱུྃ་ཨ་ཀཱ་རོ་མུ་ཁཾ་སོགས་གསུམ་གྱི་བྱིན་གྱིས་བརླབ།

嗡 阿嘎如母 抗沙哇 達瑪女 阿督奴威 那度達
嗡 啊 吽 /誦三次作加持

མགྲོན་གྱི་ལྷག་ས་རྣམས་རྡོ་རྗེ་སྤྱུ་གུ་ཅན། །
敦吉甲南多傑補固間
虔心供養對境金剛舌

བདུད་རྩིས་རེག་སྤྱེ་གསོལ་བས་དགྱེས་ཚིམ་གྱུར། །
篤記瑞碟梭衛給欽久
受取享用甘露並歡喜

བསྔོ་བ་བྱ།
作迴向

།བཛྲ་མུ། ཞེས་བརྗོད་པས།
唸誦： 班雜木

མགྲོན་རྣམས་རང་གནས་སུ་གཤེགས་པར་མོས། །
敦囊讓內速謝巴抹
諸客還請返回各自處

ཕྱག་རྒྱ་ཆེན་པོའི་ངང་ལ་ལྷུན་གྱིས་མཉམ་པར་བཞག
專注於大手印境界

༄༅། །སྲུང་བའི་འཁོར་ལོ་ཞལ་གདམས་མ།
護輪口訣

༄༅། །བདག་དང་བསྡུང་བྱ་རྣམས་ལ་འཚེ་བ་ཡི། །
達倘松恰南拉策哇宜
祈願傷害我等之眾生

སྡང་དགྲ་གནོད་བགེགས་བདེ་ལྡན་སྡུག་བསྔལ་བྲལ། །
檔札涅給爹滇篤揑扎
以及魔障敵離苦得樂

རྫོགས་སངས་རྒྱས་ཀྱི་གོ་འཕང་ཐོབ་བྱའི་ཕྱིར། །
卓桑給記果旁拓且企
證得無上甚深菩提果

སྲུང་འཁོར་བསྐྱེད་རྫོགས་རྩལ་འབྱོར་ཉམས་སུ་བླང་། །
松闊給卓揑久娘速囔
精進實修護輪二次第

ཨོཾ་སྭབྷཱཝ་ཤུདྡྷཱཿསརྦ་དྷརྨཱཿསྭབྷཱཝ་ཤུདྡྷོ྅ཧཾ།
嗡 梭巴瓦 修達 薩爾瓦 達爾瑪 梭巴瓦 修朵 杭

སྟོང་པའི་ངང་ལས་ཧཱུྃ་ཡིག་གསེར་གྱི་མདོག །
東貝昂類仲亦瑟記朵
空性中仲字呈金黃色

ཡོངས་གྱུར་འཁོར་ལོ་སེར་པོ་རྩིབས་བཅུ་པ། །
永久闊洛瑟波記助巴
所化十輻金色法輪者

མཐུག་ཛམས་དཔག་ཚད་ལྡན་ལ་རྣོ་དབལ་ཅན། །
吐昂巴策點拉挪威間
如萬里厚度極其銳利

སྦ་ཕུབ་ཟུར་བརྩིགས་ལྟ་བུར་གནས་པ་ཡི། །
把瀑素助搭布捏巴宜
亦如藤盾般豎立置放

ལྟེ་བར་ཀྃ་ཡིག་གནས་འགྱུར་ན་རིའི་མགོ། །
碟哇崗宜內久那日果
中央處崗字化現頭顱

ཛ་རིལ་སྦུབས་མེད་སྒོང་ལྟ་བུའི་དབུས། །
茶日素美荀阿大布悟
亦如蛋形無縫之茶丸

བདག་ཉིད་ཀེང་རུས་རྣམ་པའི་ཡི་དམ་ལྷ། །
打逆經如囊貝宜當拉
此中觀自身現白骨尊

གཡས་གཡོན་མདུན་དུ་བསྲུང་བྱ་ཕོ་མོ་ཛས། །
耶永屯杜松恰迫摩這
前左右方所護男女眾

རྒྱབ་དང་འོག་དུ་རྟ་ཕྱུགས་ཡུལ་ཞིང་གསལ།།
架倘偶杜大出於形色
後下現牛馬畜房舍等

ཨོཾ་བཛྲ་ཙཀྲ་ཕ་ཧེ་ཧཱུྃ།

嗡 班雜 札嘎惹瓦迪 仲

ཞེས་པའམ་བསྡུས་ན། ཨོཾ་ཧཱུྃ་ཧཱུྃ། ཞེས་ཅི་ནུས་བཟླ་བར་བྱའོ། །

或者短咒

嗡 仲 吽 /如是盡力念誦

དེ་ནས་རྫོགས་པའི་རྣལ་འབྱོར་རིམ་པ་ནི།

圓滿次第

དེ་ལྟར་རྟེན་དང་བརྟེན་པའི་དཀྱིལ་འཁོར་ཀུན། །

碟大滇倘滇貝經闊昆

如是盡所依能依諸尊

རྣམ་པར་གསལ་ཞིང་རང་བཞིན་སྟོང་པ་ཉིད། །

南巴形讓信東巴尼

化現空無二境界之中

སྤྲོ་དང་བསྡུ་བའི་བྱ་བྱེད་ཀུན་བྲལ་བ། །

作倘篤衛恰茄昆扎瓦

遠離執著所謂二次第

དེ་བཞིན་མ་བཅོས་པ་འདི་བསྲུང་བ་ཆེ། །

碟形瑪倔巴迪松哇切

如此即是本性大護輪

དགེ་བ་རྫོགས་པའི་བྱང་ཆུབ་ཏུ་བསྔོ་བ།

善根迴向菩提果

འབྲི་གུང་རཏྣའི་མིང་གི་སྦྱར་བའོ། །

第二十三任直貢法王嘉旺昆秋仁欽（第一世澈贊法王）整理

སྲུང་འཁོར་ཞལ་གདམས་མའི་ སྲུན་མཚམས་སམ། རང་ཉིད་རྐྱང་པ་སྲུང་ན།

若要保護自己的話，就觀《三字護輪》。

༄༅། །སྲུང་འཁོར་ཡི་གེ་གསུམ་པ།

三字護輪

༄༅། །བདག་ཉིད་ཀེང་རུས་རྣམ་པའི་ཡི་དམ་ལྷ། །
達尼經如南貝宜檔拉
此中觀自身現白骨尊

སྤྱི་བོར་ཨོཾ་དཀར་མགྲིན་པར་ཨཱ་དམར་པོ། །
記窩嗡噶頂巴啊瑪波
頂門白色嗡喉紅色啊

ཐུགས་ཀར་ཧཱུྃ་ཡིག་མཐིང་གས་མཚན་པ་ཡིས། །
吐噶吽宜聽給稱巴宜
心間深藍色吽現莊嚴

སྤྱི་བོའི་ཨོཾ་ལས་ཨོཾ་ཡིག་གྲངས་མེད་འཕྲོས།།
記窩嗡類嗡宜場美吹
頂門嗡字化無量無數

རྡོ་རྗེའི་ལུས་ལ་སྦྲུལ་འཁྱུད་ལྟ་བུ་འཁྱིལ། །
多傑呂拉竹具大卜梯
猶如群蛇盤繞金剛身

སེང་དང་སྦུབ་མེད་སྒོ་ངའི་དབྱིབས་ལྟ་བུ། །
生倘速美苟涅一大卜
聚如無縫如蛋之形狀

གཞོམ་གཞིག་བྲལ་བའི་རྡོ་རྗེའི་སྐུ་རུ་གྱུར། །
雄細扎威多傑咕嚕久
幻化成無摧壞金剛身

ༀ་ༀ་ༀ། ཅི་ནུས་བཟླས་པ་བྱ།
嗡 嗡 嗡 / 如是盡力持咒

མགྲིན་པའི་ཨཱ་ལས་ཨཱ་ཡིག་གྲངས་མེད་འཕྲོས། །
頂貝啊類啊易場美吹
喉間啊字化無量無數

རྡོ་རྗེའི་ལུས་ལ་སྦྲུལ་འཁྲུད་ལྟ་བུ་འཁྱིལ། །
多傑呂拉竹具大卜梯
猶如群蛇盤繞金剛身

སེང་དང་སྲུབ་མེད་སྒོ་ངའི་དབྱིབས་ལྟ་བུ། །
生倘速美苟涅一大卜
聚如無縫如蛋之形狀

གཞོམ་གཞིག་བྲལ་བའི་རྡོ་རྗེའི་གསུང་དུ་གྱུར། །
雄細扎威多傑松杜久
幻化成無摧壞金剛語

ཨཱ་ཨཱ་ཨཱ། ཅི་ནུས་བཟླས་པ་བྱ།
啊 啊 啊 / 如是盡力持咒

ཐུགས་ཀའི་ཧཱུྃ་ལས་ཧཱུྃ་ཡིག་གྲངས་མེད་འཕྲོས། །
吐給吽類吽宜場美吹
心間吽字化無量無數

རྡོ་རྗེའི་ལུས་ལ་སྦྲུལ་འཁྲུད་ལྟ་བུ་འཁྲིལ། །
多傑呂拉竹具大卜梯
猶如群蛇盤繞金剛身

སེང་དང་སྲུབ་མེད་སྒོ་ངའི་དབྱིབས་ལྟ་བུ། །
生倘速美苟涅一大卜
聚如無縫如蛋之形狀

གཞོམ་གཞིག་བྲལ་བའི་རྡོ་རྗེའི་ཐུགས་སུ་གྱུར། །
雄細扎威多傑吐速久
幻化成無摧壞金剛意

ཧཱུྃ་ཧཱུྃ་ཧཱུྃ། ཅི་ནུས་བཟླས་པ་བྱ།
吽　吽　吽 ／如是盡力持咒

དེ་ལྟར་ཡི་གེ་གསུམ་གྱི་འཕྲེང་བ་ནི། །
碟大宜給松記稱哇尼
如是三種子字順序列

དཀར་དམར་མཐིང་ཀའི་གུར་ཁང་རིམ་པ་གསུམ་དབུས། །
噶瑪聽給枯康忍巴松悟
白紅深藍色三層疊中

བདག་ཉིད་སྣང་སྟོང་སྐུ་ལ་གྲགས་སྟོང་གསུང་། །

達尼囊東估拉查東松

自顯現空之身聞空語

རིག་སྟོང་ཡེ་ཤེས་རྡོ་རྗེའི་ཐུགས་ཀྱི་བདག །

瑞東耶謝多傑吐記達

識空本智金剛自在意

སྐྱེ་འཇིག་གནས་པའི་མཐའ་དབུས་ཡོངས་སུ་གྲོལ། །

給幾內貝踏悟永速扎

遠離生住壞滅等邊戲

ཨོཾ་ཨཱཿཧཱུྃ། ཅི་ནུས་བཟླས་པ་བྱ།

嗡 啊 吽 /如是盡力持咒

དགེ་བའི་རྩ་བ་རྫོགས་པའི་བྱང་ཆུབ་ཏུ་བསྔོ།

善根迴向無上菩提果

༄༅། །གཏུམ་པོ་གསུམ་བརྩེགས་ཀྱི་སྲུང་འཁོར།

三勇猛護輪

༄༅། །འདིར་གཏུམ་པོ་གསུམ་བརྩེགས་ཀྱི་སྲུང་འཁོར་བསྒོམ་པར་གསུངས་པ་ལྟར།

是謂在此當觀修三層為猛護輪

ཨོཾ་སྭབྷཱཝ་ཤུདྡྷཱཿསརྦ་དྷརྨཱཿསྭབྷཱཝ་ཤུདྡྷོ྅ཧཾ།

嗡 梭巴瓦 修達 薩爾瓦 達爾瑪 梭巴瓦 修朵 杭

སྟོང་པའི་ངང་ལས་ཕྱི་སྣོད་ཡུལ་རིས་ཀུན། །

東貝昂類企虐欲日袞

從空性中顯諸外器界

མི་དམིགས་ཇོ་བོ་ཐུགས་རྗེ་ཆེན་པོའི་སྐུ། །

米密秋沃圖傑千貝固

無緣大慈大悲觀音身

ཀུནྡ་ལྟར་དཀར་ཞལ་གཅིག་ཕྱག་བཞི་པ། །

袞大達噶協記恰席巴

色如白蓮一面四臂尊

རྩ་ཕྱག་ཐལ་སྦྱར་མཐའ་གཉིས་པད་ཕྲེང་འཛིན། །

咱恰帖甲他逆貝稱金

雙手合掌另二持珠蓮

རིན་ཆེན་རྒྱན་སྤྲས་ཞབས་གཉིས་རྡོར་སྐྱིལ་བཞུགས། །

仁千間哲夏逆多己休

珍寶嚴飾雙足跏趺坐

ཨོཾ་མ་ཎི་པདྨེ་ཧཱུྃ། བརྒྱ་རྩ་བརྒྱ།

嗡 瑪尼 貝美 吽 / 誦一百零八次

ཐུགས་ཀར་གནས་ཁང་ཁྲོ་རྒྱལ་མི་གཡོ་མགོན། །

吐噶內康綽給米悠貢

心間不動忿怒明王尊

ཟེར་མའི་མེ་ཏོག་ལྟར་སྔོ་གཡས་རལ་གྲི། །

薩昧美朵搭歐業惹直

藍如胡麻花右手持劍

གཡོན་གྱིས་ཐུགས་ཀར་སྡིགས་མཛུབ་ཞགས་པ་འཛིན། །

淵己吐噶地租修巴金

左期剋印持索於心間

ཞབས་གཡས་མཐིལ་དང་གཡོན་གྱིས་ཉི་གདན་ལ། །

夏業梯倘淵吉尼滇拉

右足著地左膝跪日輪

ཕུས་བཙུགས་བདུད་བཞི་ཟིལ་གནོན་སྐུ་རུ་སྒྱུར། །

必租對席司年固如久

幻化降伏四魔威望身

ཨོཾ་བཛྲ་ཙཎྜ་མ་ཧཱ་རོ་ཥ་ཎ་ཧཱུྃ་ཕཊ།། བརྒྱ་རྩ་བརྒྱ།

嗡 班雜贊札 瑪哈若卡那 吽呸 / 誦一百零八次

དེ་ཡི་ཐུགས་ཀར་ཆོས་འབྱུང་པད་ཉིའི་སྟེང་། །
碟宜吐噶卻炯貝尼滇
於彼心間法源蓮日上

རང་ལུས་ཕག་མོ་ཞལ་གཉིས་སྐུ་མདོག་དམར། །
讓呂帕摩協逆固朵瑪
己身亥母二面紅色身

ཕྱག་གཉིས་གྲི་གུག་ཐོད་པ་ཁ་ཊྭཾ་འཛིན། །
恰逆尺估退巴卡張金
二手鉞刀顱器與天杖

གཡས་བསྐུམ་གཡོན་བརྐྱང་རོལ་པའི་སྟབས་སུ་བཞུགས། །
耶工淵將瑞貝大速修
右曲左伸二足立舞姿

ཨོཾ་ཨོཾ་ཨོཾ་སརྦ་བུདྡྷ་ཌཱ་ཀི་ནཱི་ཡེ་བཛྲ་ཝརྞ་ནཱི་ཡེ་བཛྲ་བཻ་རོ་ཙ་ནཱི་ཡེ་ཧཱུྃ་ཧཱུྃ་ཧཱུྃ་
ཕཊ་ཕཊ་ཕཊ་སྭཱ་ཧཱ། ཞེས་བརྒྱ་རྩ་བཟླ།

嗡嗡嗡 薩爾瓦布達 札給尼耶 班雜瓦爾那尼耶
班雜貝若咱尼耶 吽吽吽 呸呸呸 梭哈 /誦一百零八次

སྐྱོབ་པ་འཇིག་རྟེན་གསུམ་གྱི་མགོན་པོས་མཛད་པའོ།།
吉天頌恭 造

B
【附錄圖】

《藏傳醫學測量長度單位名》

◆ 【圖 21】一尋 འདོམ་གང་། 〔藏名：董康〕

「一尋」，又名一庹（tuǒ，ㄊㄨㄛ ˇ）、一弓，向左右平伸兩臂後，兩掌或兩中指尖間之長度，接近身高的長度。中國古代的一種長度單位，八尺為尋。

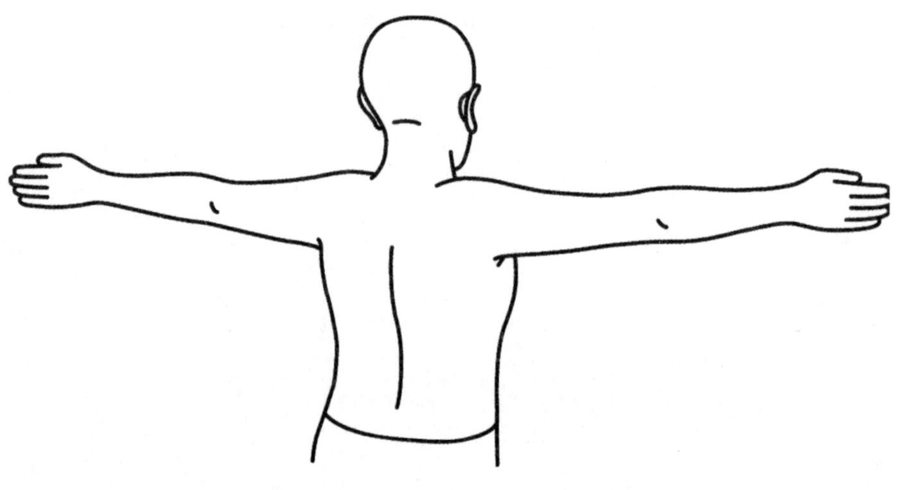

◆ 一肘 ཁྲུ་གང་། 〔藏名：促康〕

「一肘」，律經說從各人頭頂至足底間距離的七分之二，稱為一肘。分伸肘、曲肘兩種。

【圖 22】伸肘 བརྐྱངས་ཁྲུ། 〔藏名：江助〕

「伸肘」，是自肘尖至中指尖間的長度，相當於二十四指寬。

【圖 23】曲肘 བསྐུམས་ཁྲུ། 〔藏名：工助〕

「曲肘」，是自肘尖至小指根節間的長度，相當於二十指寬。

◆ 一卡 མཐོ་གང་། 〔藏名：拓康〕

「一卡」，又名一磔手，有大卡和小卡之分。

【圖 24】大卡 བརྒྱངས་མཐོ་གང་། 〔藏名：江拓康〕

「大卡」，是拇指尖至中指尖張開的距離，相當於十二指寬。

【圖 25】小卡 མཐོ་གང་། 〔藏名：拓康〕

「小卡」，又名一扠（chā，ㄔㄚ），是拇指尖至食指尖張開的距離。

◆ 【圖 26】五指拳 མཐིད་གང་། 〔藏名：企康〕

「五指拳」，藏名亦稱「སོར་ལྔ། 梭訝」，即四指並屈，伸拇指微露箕斗紋壓於食指中節所得長度。相當於五指並列的寬度。

◆ 【圖 27】一寸 ཚོན་གང་། 〔藏名：村康〕

「一寸」，是從拇指中節橫紋至指尖相連間的長度。

◆ 【圖 28】一指甲寬　སེན་གང་།　〔藏名：森康〕

「一指甲」，即大拇指的指甲左右距離寬度。

◆ 【圖 29】一食指　སོར་གང་།　〔藏名：梭康〕

「一食指」，即一食指的寬度，相當於半寸。

◆ 【圖 30】一矢　མདའ་གང་། 〔藏名：打康〕

「一矢」，指一支箭的長度，等同右手伸直從心間至手指尖之長度，如圖示。亦可說其大小相當於人席地而坐的身高。

觀修除障法

藏文版

འགོ་བརྗོད།

འགྲོ་བ་ཡོངས་ཀྱི་མ་འདྲེས་པའི་མཛའ་བཤེས་རྟེན་འབྲེལ་མཐར་ཕྱིན་ཐུབ་དབང་རཏྣ་ཤྲཱི་དང་དབྱེར་མེད་དྲིན་ཆེན་རྩ་བའི་བླ་མར་སྐྱབས་སུ་མཆིའོ། །བདག་དང་མ་སེམས་ཅན་ཐམས་ཅད་ཀྱི་རྒྱུད་བྱིན་གྱིས་བརླབ་པར་མཛད་དུ་གསོལ། དེ་ཡང་དམིགས་པ་ལ་བརྟེན་ནས་ནད་བཅོས་ཐུབ་པའི་རྒྱུ་མཚན་ནི། 《དམ་ཆོས་དགོངས་གཅིག་ལས།》 རྒྱུ་འབྲས་སྐད་ཅིག་བསམ་པའི་རང་གཟུགས་ཡིན། །ཞེས་གསུངས་པ་ལྟར། རང་རེ་ཁམས་དྲུག་ལྡན་པའི་ལུས་འདི་འབྱུང་བ་ཆ་སྙོམ་པའི་སྐབས་བདེ་ཐང་དང་། ཆ་མ་སྙོམ་པའི་སྐབས་ནད་སྣ་ཚོགས་སུ་འགྱུར་འགྲོ་གི་ཡོད་པས། དེ་སྙོམ་སྒྲིག་བྱེད་དགོས་ན། སེམས་ཁམས་སྙོམ་པར་བྱེད་རྒྱུ་དེ་ཤིན་ཏུ་གལ་ཆེ་བ་ནི། དེས་འབྱུང་བ་གཞན་ལ་བཀོད་འདོམས་བྱེད་པའི་ནུས་པ་ལྡན་ཡོད།

དེར་བརྟེན་"ཧིང་ངེ་འཛིན་རྒྱལ་པོ་ལྷ་བུ་དང་། དམིགས་པ་བྲམ་ཟེ་ལྟ་བུ། སྨན་འབངས་ལྟ་བུ་ཡིན་ཞེས་དང་། བོགས་ཐོན་པ་གཉིས་ཀ་འོང་བར་འདུག་པས་ཐམས་ཅད་དམིགས་པ་ལ་འབད་པ་གལ་ཆེ"ཞེས་འཇིག་རྟེན་གསུམ་གྱི་མགོན་པོ་མཉམ་མེད་རིན་ཆེན་དཔལ་གྱིས་ཐུགས་བརྩེ་ཆེན་པོས་གདམས་པར་མཛད་འདུག་པས། རང་རེ་ཀུན་གྱིས་ཕ་ནོར་དེ་ཉིད་རྒྱུན་འཛིན་དང་། སྲུང་སྐྱོང་དར་སྤེལ་བཅས་གཏོང་རྒྱུ་ཤིན་ཏུ་གལ་ཆེ་བ་ལགས་སོ།།

ཆོས་རྗེ་རིན་པོ་ཆེས་གསུངས་པའི་གདམས་པ་མཐའ་དག་ཕྱག་རྒྱ་ཆེན་པོ་ལྷ་ལྷན་དང་འབྲེལ་ཡོད་པ་དེ་ནི་གནས་སྐབས་ཀྱི་འཚོ་བའི་ནང་ནད་སེལ་བ་ལྟ་བུ་དང་། རྐྱེན་སེལ་རིམ་གྲོ་ཙམ་མ་ཡིན་པར་མཐར་ཐུག་རྫོགས་བྱང་ཐོབ་པའི་རྒྱུ་རུ་འགྱུར་བ།

འདི་ནི་རླུང་སོགས་དམིགས་པའི་ནད་བཅོས་གཞན་ལས་ཁྱད་དུ་འཕགས་པའི་ཁྱད་ཆོས་སོ།།

དང་པོ། དམིགས་པ་ཐམས་ཅད་ཀྱི་སྔོན་དུ''བདག་གི་ནད་དང་གནོད་པ་འདིས་སེམས་ཅན་ཐམས་ཅད་ཀྱི་ནད་དང་གནོད་པ་ཐམས་ཅད་དག་པར་གྱུར་ཅིག་སྙམ་དུ་བྱང་ཆུབ་ཀྱི་སེམས་བསྒོམ་པ''དང་།

གཉིས་པ། ''དེ་ནས་ལུས་ལྷར་བསྒོམ་པ་རྣམས་རོ་སྦྱོང་བར་བྱས་ལ་ཕོག་པའི་ནང་ཐམས་ཅད་རྒྱུ་ལྷོ་དང་། ནང་ཁྲོལ། ལྦུབ་ལྦིན་ལ་སོགས་པ་གང་ཡང་མེད་པ་ཁྲུ་མ་ཕྱུས་བཏབ་པ་ལྟར་གཙང་སང་ངེ་བཞིན་བསྒོམ་ཞེས''ལུས་ཡི་དམ་གྱི་ལྷ་བསྒོམ་པ་དང་།

གསུམ་པ། ''དངོས་གཞི་ལྟེ་བའི་འོག་ཏུ་བླ་མ་དམ་པའི་སྐུ་ཚོན་གང་ཞིག་བསམ་ལྷ་བུ་བླ་མ་བསྒོམ་པ''དང་།

བཞི་པ། ''རྗེས་འཛིན་མེད་ཕྱག་རྒྱ་ཆེན་པོའི་ངང་དུ་བཞག་ཏིང་ངེ་འཛིན་ག་བུར་ལྷ་བུའི་གདམས་པ་ཡིན''ལྷ་བུ་ཕྱག་རྒྱ་ཆེན་པོ་དང་།

ལྔ་པ། ''ལྔ་ལྡན་ལ་འབད་པར་བྱས་པས་བོགས་ཐོན་ཞིང་རྗེས་སྙེགས་མི་ཡོང་གསུངས་པ''ལྷ་བུ་བསྔོ་བ་ཞར་ལ་འབྱུང་བས་ལྔ་ལྡན་གྱི་ནང་དོན་ལྡན་པ་མ་ཟད། གཞན་ལས་གཏུམ་མོ་མེ་དམིགས་དང་། བུམ་ཅན་གྱི་རླུང་། ཕྲ་ཐིག་གི་དམིགས་པ། འབར་འཛག་གི་དམིགས་པ་སོགས་ཉམས་ལེན་གྱི་གནད་དུ་མ་འདུས་འདུག་པས་ཚང་མས་རང་གི་སྦྱོང་ཚོར་དངོས་དང་ཟུང་འབྲེལ་གནང་རྒྱུར་སྙིང་ནས་གསོལ་བ་འདེབས་པ་ལགས་སོ།།

འབྲོག་ལ་ཕྱི་ནས་ཟུབ་སྤྲུལ་དཀོན་མཆོག་བསྟན་འཛིན་གྱིས།

དམིགས་པ་གེགས་སེལ་གྱི་སྐོར་ལས་གེགས་སེལ་ཆེན་མོའི་སྔོན་འགྲོ།

ཛྫ་མི་བསྐྱོད་རྒྱལ་པོ་སྣང་གྱི་བླ། །
ཐུགས་རྗེའི་བདག་ཉིད་འགྲོ་བའི་མགོན། །
རྡོ་རྗེ་འཆང་ཆེན་བླ་མ་ཡི། །
ཞབས་ཀྱི་པདྨོར་གུས་པས་འདུད། །

དུས་གསུམ་གྱི་སངས་རྒྱས་ཐམས་ཅད་ཀྱི་ངོ་བོར་གྱུར་པ་འཇིག་རྟེན་གསུམ་གྱི་མགོན་པོ་བླ་མ་རིན་པོ་ཆེའི་ཞལ་སྔ་ནས། སྤྱིར་ནད་ཐམས་ཅད་ལ་སྐྱེ་བའི་རྒྱུ། གནས་པའི་གཞི། འཇིག་པའི་རྐྱེན་དང་གསུམ་ཤེས་དགོས། དེའང་སྐྱེ་བའི་རྒྱུ་ལ་གཉིས་ཏེ། རིང་བའི་རྒྱུ་དང་། ཉེ་བའི་རྒྱུའོ། །

རིང་བའི་རྒྱུ་ནི། སྔོན་ཐོག་མེད་དུས་ནས་བསགས་པའི་ལས་ངན་གྱི་རྣམ་པར་སྨིན་པ་ཡིན།

ཉེ་བའི་རྒྱུ་ནི། ཉོན་མོངས་པ་དང་རྣམ་པར་རྟོག་པ་ལ་སོགས་པ་རྣམས་ཡིན་ཏེ། དེའང་འདོད་ཆགས་ལས་ནད་གྲང་བ། གདོན་མོ་གདོན། ཞེ་སྡང་ལས་ཚྭུང་ངམ་ཚད་པ། གདོན་ཕོ་གདོན། གཏི་མུག་ལས་བད་ཀན། གདོན་ས་བདག ང་རྒྱལ་དང་ཕྲག་དོག་ལས་མཁྲིས་པ་དང་འདུས་པ་ལ་སོགས་པ་རྣམས་བསྐྱེད་དོ། །

གནས་པའི་གཞིའང་ཉོན་མོངས་པ་དང་། རྣམ་པར་རྟོག་པ་ལ་བརྟེན་ནས་གནས་སོ། །

འཇིག་པའི་རྐྱེན་ནི། མི་དགེ་བའི་གཉེན་པོ་དགེ་བ་ཡིན་པས་སྤྱིར་བསོད་ནམས་ཀྱི་

ཚོགས་བསག་མ་ཆགས་པ། ཞེ་སྡང་མེད་པ། གཏི་མུག་མེད་པ་གསུམ་གྱིས་ཉམས་སུ་བླང་བར་བྱ། རྣམ་པར་རྟོག་པ་རྒྱུན་མ་ཆད་ན་དམིགས་པ་བསྒོམ་ལོ་བྱས་པས་ནད་སོས་མི་སྲིད་དོ། །དེའང་སྔོན་གྱི་དུས་ན་ནད་ཐམས་ཅད་རྟེན་འབྲེལ་གྱིས་གསོ་བར་མཛད་དེ། སློབ་དཔོན་རྩེ་ལུང་པ་སྐུ་ལུས་སྐྲངས་པ་ལ། ལྷེ་བའི་འོག་ཏུ་ཨ་ཏུ་ར་བཙུག་ནས་སྐུ་རགས་ཀྱིས་བསྡམས་ཏེ་འདི་མ་བྲལ་བར་གྱིས་ཤིག་གསུངས་པས་ནད་དྭངས་པ་དང་། བཙགས་དཔང་ཕྱུག་སེང་གེ་ཞབས་བསྣུང་ནས་འཁྱུམས་པ་ལ། ཞབས་མཐིལ་འོག་ཏུ་དར་དོང་དོ་ཙམ་ཞིག་བཞག་ནས་དེ་ལ་ཐུགས་གཏོད་དུ་གཙུག་པས་དྭངས་ཏེ། དེ་ལ་སོགས་པའི་ནད་མང་པོ་རྟེན་འབྲེལ་གྱིས་སོས་པ་ཡིན། ང་འབུའང་རྟེན་འབྲེལ་གྱིས་སོས་པ་ཡིན་གསུངས། དེ་ཉིད་གཞིར་བྱས་ནས་དམིགས་པ་བསྟན་པ་ཡིན། རྟེན་འབྲེལ་གྱིས་ནད་སོས་ཀྱང་ཡོན་ཏན་བོགས་ཐོན་པར་དཀའ་བར་གདའ། དམིགས་པས་ནད་སོས་པ་དང་བོགས་ཐོན་པ་གཉིས་ཀ་འོང་བར་འདུག་པས་ཐམས་ཅད་ཀྱིས་དམིགས་པ་ལ་འབད་པ་གལ་ཆེའོ།།

དེའང་རང་ལ་ནད་ཅར་གྱིས་ཐོག་པའི་དུས་སུ། ཅབ་ཅབ་ཙུབ་ཙུབ་གཞན་མི་བྱ་བར་དམིགས་པ་ལ་འབད་པ་གལ་ཆེ་སྟེ། རྒྱལ་སྲས་ལམ་རིམ་ནས། བདེ་སྡུག་མང་པོ་བྱུང་ཙ་ན། །ཞིམ་བུ་རབ་ཁ་ཏུ་ཕྱིན་པ་བཞིན། །གདམས་ངག་མན་ཆུང་མང་པོ་དང་། །མོ་བོན་ལྷ་བཙོས་གང་དྲག་ཅེས། །ཨ་ཙང་རེ་ས་མང་ལགས་ན། །གཉིས་ཞེན་བར་དུ་ལྷུང་ཉེན་གདའོ། །ཞེས་གསུངས་པས་དེའི་དུས་སུ་སྨན་དང་། མོ་དང་། བོན་དང་། རྩིས་ལ་སོགས་པ་ཅབ་ཙུབ་ཡེ་མི་བྱ་བར་རང་གི་དམིགས་པ་ལ་བློ་བཀལ་ལ་ནད་སོས་ནའང་དམིགས་པས་སོས། མི་སོས་ནའང་དམིགས་པས་མི་སོས། འཆི་བའི་དུས་ལ་བབ་ན་སངས་རྒྱས་སྟོང་གི་མཐུས་ཀྱང་མི་བཟློག རྐྱེན་དང་བར་ཆད་ཡིན་ན་དམིགས་པས་མ་སོས་པའི་ནད་གང་ཡང་མེད། སྔགས་དང་སྨན་གྱིས་སོས་མ་བཏུབ་པ་དམིགས་པས་སོས་པ་ཡོད་ལ་དམིགས་

པས་མ་སོས་པ་གཞན་གང་ཡང་མེད་སྙམ་དུ་ཐག་བཅད་ལ། དམིགས་པར་བློ་ལིངས་ཀྱིས་བཀལ་ལ། འོན་ཀྱང་སྨན་བཟང་དྲུག་གི་རྣམ་པ་ཐུན་གཅིག་ཉོས་ལ་བླ་མ་ལ་དབུལ། བླ་མ་མི་བཞུགས་ན་སྐུ་འབག་ལ་དྲི་བཟང་བ་དྲུག་གི་ཆུས་དབུལ་ལོ། །དེས་ནད་སོས་པར་བྱེད་པའི་རྟེན་འབྲེལ་ཡིན། དེ་རྣམས་དམིགས་པ་བསྒོམ་པའི་སྔོན་དུ་འགྲོ་བ་སྟེ་རྒྱུ་དང་སྦྱར་བའི་ཚོགས་བསག བླ་མ་དམ་པ་སངས་རྒྱས་སྨན་གྱི་ལྷའི་ངོ་བོར་སྤྱན་དྲངས་ལ། མཆོད་པ་དཔག་ཏུ་མེད་པ་ཐམས་ཅད་ཀྱིས་མཆོད། ལུས་ལོངས་སྤྱོད་ཐམས་ཅད་དབུལ། བདག་གི་ནད་འདི་སོས་པར་མཛད་དུ་གསོལ་ཞེས་གསོལ་བ་གདབ། གཏོར་མ་གཉིས་བཤམ། དང་པོ་དཀོན་མཆོག་གསུམ་དང་ཆོས་སྐྱོང་གི་སྲུང་མ་ལ་ཕུལ། བར་ཆད་ཞི་བར་གསོལ་བ་གདབ། འོག་མ་དེ་གདོན་བགེགས་ལ་བྱིན་པས་ནད་ལ་བྱིན་པ་བུ་ལོན་དང་ལན་ཆགས་འཇལ་བར་བསམ་མོ།།

རང་གི་ནད་དེ་བཅིར་གྱིས་བཟུང་ལ། བདག་གི་ནད་འདིས་སེམས་ཅན་ཐམས་ཅད་ཀྱི་གཙོ་བྱས་པའི་ལས་ཀྱི་སྒྲིབ་པ་དང་། ཉོན་མོངས་པའི་སྒྲིབ་པ། ཤེས་བྱའི་སྒྲིབ་པ་ཐམས་ཅད་བྱང་ཞིང་དག་པར་གྱུར་ཅིག་ཅེས་ལན་གསུམ་དུ་གཏོང་བར་བྱའོ། །ལམ་དུ་གཏོང་བ་ཐམས་ཅད་འདིའི་ལུགས་ཀྱི་རིགས་ཤེས་པར་བྱའོ་གསུངས། བྱང་ཆུབ་ཀྱི་སེམས་ལ་སོགས་པ་ཐམས་ཅད་གཞན་རྣམས་ཀྱང་འདི་དང་འབྲེལ་བ་ཅན་དུ་བྱའོ།། དང་པོ་བྱང་ཆུབ་མཆོག་ཏུ་སེམས་བསྐྱེད། དེ་ནས་བདག་གི་ནད་དང་གནོད་པ་འདིས་སེམས་ཅན་ཐམས་ཅད་ཀྱི་ནད་དང་གནོད་པ་ཐམས་ཅད་དག་པར་གྱུར་ཅིག་སྙམ་དུ་ལན་གསུམ་རྒྱུད་ལ་བསྐྱེད། དེ་ནས་དཀོན་མཆོག་གསུམ་ལ་སྐྱབས་སུ་འགྲོ་བ་ལན་གསུམ་བྱ། ཚེ་འཁོར་བ་ཐོག་མ་མེད་པའི་སྡིག་པ་ཅི་བྱས་པ་ཐམས་ཅད་སོ་སོར་བཤགས་སོ་སྙམ་དུ་ལན་གསུམ་དུ་བསྒོམ།།

ཚེ་བསྒྲིང་བའི་ཐབས།

བཀྲ་ཤིས་དང་བདེ་ལེགས་ཐམས་ཅད་འབྱུང་ཞིང་ནད་དང་། གནོད་པ། ཉེས་པ། མི་མཐུན་པའི་ཕྱོགས་ཀྱིས་གཏན་མི་ཚུགས་ཤིང་། ཚེ་རིང་བ་དང་། ཡོན་ཏན་མ་ལུས་འབྱུང་བའི་ཉམས་ལེན་ལ། ཕྱོགས་ལམ་རྣམ་བཞི་གང་གིས་གནས་ཀྱང་། དུས་དང་གནས་སྐབས་ཐམས་ཅད་དུ་བཅོམ་ལྡན་འདས་ཚེ་དཔག་མེད་ཀྱི་དམིགས་པ་དེ་ཉིད་འབའ་ཞིག་བསྒོམ། དེ་དང་མ་བྲལ་ན་ཉེས་པའི་སྐྱོན་གྱིས་གཏན་མི་གོས་ཤིང་ཡོན་ཏན་ཟླ་བ་ཡར་ངོ་བཞིན་དུ་འབྱུང་བས་ཉམས་ལེན་གྱི་གཞུང་འདི་ཕོ་ན་ལ་བྱའོ། །དེ་ནས་ཟླ་བ་འབྱུང་ངོ་ཚོག་གི་ཚེས་བརྒྱད་དང་། བཅུ་གསུམ་གང་རུང་། བཅོ་ལྔ། ཉེར་ལྔ། གནམ་སྟོང་། དུས་བཞི་ལ་ཀུ་སུ་ལིའི་ཚོགས་གསོག་རེ་དམ་བཅའ་བྱའོ། །འདི་འཆི་བ་བསླུ་བ་རྣམས་ཀྱི་མཆོག་ཡིན་ནོ།།

གདམས་ངག་ཀུ་སཱ་ལིའི་ཚོགས་གསོག

ན་མོ་གུ་རུ། སྐྱོབ་པ་འཇིག་རྟེན་མགོན་པོ་བླ་མ་རིན་པོ་ཆེའི་ཞལ་ནས། ང་དང་བདག་ཏུ་འཛིན་པ་སྤོངས་པའི་ཐབས་ཁྱད་པར་དུ་འཕགས་པ། བླ་མ་དམ་པའི་ཐུགས་དགོངས་བྱང་ཆུབ་ཀྱི་སེམས་དང་མཐུན་པ། ཀུ་སཱ་ལིའི་ཚོགས་གསོག་འདི་ཡིན་ཏེ། དེ་ཡང་དང་པོ་བྱང་ཆུབ་ཏུ་སེམས་བསྐྱེད། དང་པོ་རང་གི་ལུས་དང་རིག་པ་སོ་སོར་ཕྱེ་ནས་རིག་པ་རང་གི་ཡིད་དམ་ལྷར་བསམས་པའི་ཕྱག་གཡས་པ་ཤེལ་གྱི་གྲི་རིང་བསྣམས་པས། རང་གི་ལུས་སྨིན་མཚམས་ནས་མདུད་སྣོའི་བར་དུ་བཅད་ལ། མི་མགོའི་སྒྱིད་བུ་གསུམ་གྱི་སྟེང་དུ་ཀ་པཱ་ལའི་ཁར་བཞག་པར་བསམ་མོ། །དེ་སྟོང་གསུམ་ཙམ་ཆེ་བའི་ནང་དུ། རང་གི་ལུས་བཅུག་པར་བསམས་ལ། ངག་ཏུ་ཨོཾ་ཨཱཿཧཱུྃ་ལན་གསུམ་བརྗོད་པས། ཟག་པ་མེད་པའི་བདུད་རྩིར་གྱུར་པ་ལ། རང་ཉིད་ལྷག་པའི་ལྷར་གྱུར་པར་བསམས་པ་ལ། དེའི་ཕྱག་གི་ཐོད་པས་བདུད་རྩི་བཅུད་ནས། དམྱལ་བའི་འཇིག་རྟེན་ལ་གཏོར་བས། ལྷའི་གཞལ་ཡས་ཁང་ཕུན་སུམ་ཚོགས་པར་བསམ། བཅུད་ཀྱི་དམྱལ་བའི་སེམས་ཅན་རྣམས་ལ་གཏོར་བས། དེ་ཐམས་ཅད་ཡིད་དམ་གྱི་ལྷར་གྱུར་པར་བསམ། དེ་བཞིན་དུ་ཡི་དྭགས་དང་དུད་འགྲོ་དང་། མི་དང་། ལྷ་མ་ཡིནདང་། ལྷའི་སྣོད་བཅུད་ཐམས་ཅད་ལ་གཏོར་བས་སྣོད་བཅུད་ཐམས་ཅད་གོང་ལྟར་ཡི་དམ་གྱི་ལྷ་དང་དེ་བཞིན་གཤེགས་པའི་གཞལ་ཡས་ཁང་ཕུན་སུམ་ཚོགས་པར་བསམ་མོ། །དེ་ནས་ཡང་རང་ཉིད་ཀྱིས་བདུད་རྩི་བཅུད་ནས། ཐམས་ཅད་རང་ཡི་དམ་ལྷར་གྱུར་པ་རྣམས་ལ། བདུད་རྩི་དེ་རྣམས་དྲངས་པས། དེ་རྣམས་དགྱེས་ཤིང་མཉེས་པར་བསམ་མོ། །དགེ་བའི་རྩ་བ་བྱང་ཆུབ་ཏུ་བསྔོ། དེ་ལྟར་བྱས་

པས་དམ་ཚིག་ཆག་ཉམས་ཐམས་ཅད་སྐོང་པ་དང་། ཡོན་ཏན་གྱི་ཚོགས་ཐམས་ཅད་གོང་ནས་གོང་དུ་འཕེལ་བར་འགྱུར་བ་ལ་སོགས་འདི་ལ་ནན་ཏན་བྱེད་པ་གལ་ཆེ་གསུང་།

ཡང་བླ་མ་རིན་པོ་ཆེའི་ཞལ་སྔ་ནས་ཀུ་སཱ་ལིའི་ཚོགས་གསོག་འདི་ཤིན་ཏུ་ཟབ་པས་ཉམས་སུ་ལེན་པ་གལ་ཆེ་བ་ཡིན་གསུངས། འོ་ན་ཇི་ལྟར་ཉམས་སུ་ལེན་སྙམ་ན། སྭ་བྷཱ་ཝའི་སྔགས་ཀྱི་སྟོང་པ་ཉིད་དུ་བསྒོམ། དེའི་ངང་ལ་རང་གི་བེམ་རིག་གཉིས་ཤག་གིས་ཕྱེས་ནས། རིག་པ་དེ་རྗེ་བཙུན་རྡོ་རྗེ་རྣལ་འབྱོར་མར་ཞལ་གྱིས་བསྒོམ། དེ་ལྟར་སྒོམ་པའི་མདུན་དུ། བེམ་པོ་གཅེར་བུ་ཡོད་པར་བསམ། དེ་ནས་རྡོ་རྗེ་རྣལ་འབྱོར་མའི་ཕྱག་གཡས་ན་ཆུ་གྲི་རྣོན་པོ་བསྣམས་པས། བེམ་རོ་དེའི་སྤྱིན་མཚམས་ལྷག་པའི་སྒོའི་བར་དུ་ཚུར་ཐད་ཀྱི་བཅད་ནས་མདུན་དུ་ཀ་ཡོངས་སུ་གྱུར་པ་ལས། ཐོད་སྐམ་གྱི་སྒྲིད་བུ་གསུམ་བསམ། དེའི་སྟེང་དུ་ཐོད་པ་ཕྱི་དཀར་ལ་ནང་དམར་ཡངས་ཤིང་རྒྱ་ཆེ་བ་སྟོང་གསུམ་ཙམ་སློས་ཚུད་ཚད་ཀྱི་ཆེ་བ་ཞིག་ཏུ་བསྒོམ། དེའི་ནང་དུ་རང་ཉིད་ཀྱི་བེམ་པོ་དེ་ཡོད་པར་བསམས་ལ། སྭབྷཱ་ཝའི་སྔགས་ཀྱིས་སྟོང་པར་བསམ། དེ་ནས་རླུང་མེ་སྦྱུད་སྤྱར་གྱིས་དྲི་མ་དག་པར་བྱས་ལ། ངག་ཏུ་ཨོཾ་ཨཱཿཧཱུྃ་ཞེས་བརྗོད་པས་དམ་ཚིག་གི་བདུད་རྩིར་དམར་ལྷེམ་གྱིས་ཞུ་བར་བསམ། དེའི་རྗེས་ལ་ཛ་ཧཱུྃ་བཾ་ཧོ་ཞེས་བརྗོད་པས་ཡེ་ཤེས་ཀྱི་བདུད་རྩི་དཀར་ལྷེམ་གྱིས་ཞུ་བར་བསམ། ཡང་ཨོཾ་ཨཱཿཧཱུྃ་ཛ་ཧཱུྃ་བཾ་ཧོཿ ཞེས་བརྗོད་པས། དམ་ཚིག་གི་བདུད་རྩི་དང་ཡེ་ཤེས་ཀྱི་བདུད་རྩི་གཉིས་དབྱེ་བ་མེད་པ་དཀར་ལ་དམར་བའི་མདངས་ཆགས་པར་བསམ། དེ་ནས་རང་ཉིད་ཀྱི་ཕྱག་གི་ཀཱ་པ་ལས་བདུད་རྩི་དེ་ལ་བཅུས་ནས། དམྱལ་བའི་ཕྱི་སྣོད་ཀྱི་འཇིག་རྟེན་ལ་གཏོར་བས། ཉེས་པའི་སྐྱོན་ཐམས་ཅད་དག་ནས་འོག་མིན་དུ་གྱུར་བར་བསམ། ཡང་ཀཱ་པ་ལ་གང་བཅུས་ནས་དམྱལ་བའི་ནང་བཅུད་ཀྱི་སེམས་ཅན་ལ་གཏོར་བས་དེ་རྣམས་ཀྱི་ལས་དང་ཉོན་མོངས་པ་ཤེས་བྱའི་

སྒྲིབ་པ་དང་སྡིག་པ་ཐམས་ཅད་དག་ནས་རྡོ་རྗེ་རྣལ་འབྱོར་མར་གྱུར་པར་བསམ། དེ་བཞིན་དུ་ཡི་དྭགས་དང་། དུད་འགྲོ། མི་དང་ལྷ་མ་ཡིན་དང་། ལྷའི་བར་དུ་རིམ་གྱིས་ཕྱི་སྣོད་ཀྱི་འཇིག་རྟེན་ལ་བདུད་རྩི་ཀཱ་པ་ལ་རེ་རེ་གཏོར་བས་ཉེས་སྐྱོན་ཐམས་ཅད་དག་ནས་འོག་མིན་དུ་གྱུར་པར་བསམ། ནང་བཅུད་ཀྱི་སེམས་ཅན་ཐམས་ཅད་ལ་ཡང་རིམ་གྱིས་བདུད་རྩི་ཀཱ་པ་ལ་རེ་རེ་གཏོར་བས་ལས་དང་ཉོན་མོངས་པ་ཤེས་བྱའི་སྒྲིབ་པ་དང་། སྡིག་པ་དག་ནས་རྡོ་རྗེ་རྣལ་འབྱོར་མར་གྱུར། མདུན་གྱི་ནམ་མཁའ་ལ་བླ་མ་ཡི་དམ་དཔའ་བོ་མཁའ་འགྲོ་དཀོན་མཆོག་ཆོས་སྐྱོང་དང་བཅས་པ་ཀྱོང་ངེར་བཞུགས་པར་བསམས་ལ། ཨ་ཀཱ་རོ་མུ་ཁཾ་གྱི་སྔགས་བརྗོད་པས། དེ་རྣམས་ཀྱི་ལྗགས་རྡོ་རྗེ་སྦུ་གུས་བདུད་རྩི་ལ་ཟུག་ནས་གསོལ་བས་མཉེས་ཤིང་ཚིམ་པར་བསམ། དེ་ནས་བཛྲ་མུཿཞེས་བརྗོད་པས། གཤེགས་སུ་གསོལ། ཕྱག་རྒྱ་ཆེན་པོའི་ངང་ལ་ལྷན་གྱིས་མཉམ་པར་བཞག རྗེས་དགེ་བའི་རྩ་བ་བསྔོ་བར་བྱ། དེ་ལྟར་ཐུན་བཞིར་ཉམས་སུ་བླང་ན་ཚོགས་རྫོགས་པ་དང་བར་ཆད་ཞི་བར་འོང་། དེ་ཡང་རྡོ་རྗེའི་ལུས་འཕང་སེམས་མེད་པར་བཏང་བས་བསོད་ནམས་དང་ཡེ་ཤེས་ཀྱི་ཚོགས་ཟུང་འཇུག་ཏུ་རྫོགས་པ་ཡིན། ལུས་ལ་འཛིན་ཆགས་མེད་ཅིང་བདག་གིར་མ་བྱས་པས་མི་དང་མི་མ་ཡིན་པའི་བར་ཆད་ཀྱིས་གླགས་མི་རྙེད་དེ། བྱད་ཁ། ཕུར་ཁ། ཟེར་ཁ། མེ་དགྲ། རླུང་དགྲ་ལ་སོགས་པ་གང་གིས་ཀྱང་མི་ཚུགས། དེས་ན་དུས་རྒྱུན་དུ་བྱེད་པ་མ་བྱུང་ཡང་སྨོད་ཐོ་རང་གི་དུས་སུ་དམ་བཅའ་བྱས་ནས་ཐུན་རེ་ཙེས་ཀྱང་ཉམས་སུ་ལེན་དགོས་པ་ལགས་པས། དེ་ལྟར་ཐུགས་ཀྱི་དཀྱིལ་དུ་བཞག་ནས་ཉམས་སུ་ལེན་པར་ཞུ་གསུངས།།

ནད་གྲིབ་ཀྱིས་མི་ཚུགས་པའི་ཐབས།

གཞན་ཡང་སྐབས་སུ་བསྲུང་བའི་འཁོར་ལོ་ཞལ་གདམས་མ་དང་། རྣལ་འབྱོར་པ་བདག་ཉིད་བསྲུང་བའི་ཡི་གེ་གསུམ་གྱི་སྲུང་འཁོར་རམ། གཏུམ་མོ་གསུམ་བརྩེགས་སམ། སྲུང་བའི་འཁོར་ལོ་རྣམས་ཀྱང་བསྒོམ། གཞན་ཡང་ཉུབ་མོ་ཉལ་ནས་ཆོས་སྤྱོད་ཐམས་ཅད་ཚར་བ་དང་། སེམས་བསྐྱེད། ལུས་ཡི་དམ་གྱི་ལྷར་བསྒོམ། ཡི་དམ་ལྷའི་སྙིང་གའི་དབུས་སུ་རྡོ་རྗེ་བཙུན་མ་འཕགས་མ་སྒྲོལ་མ། ནད་དང་གནོད་པའི་འཇིགས་པ་སྐྱོབ་མ། ཆེ་ཆུང་གང་བདེར་ཞལ་གྱིས་བསྒོམ། རྗེ་བཙུན་མའི་སྐུ་ལས་འོད་ཟེར་སྔོ་ལྗང་དུ་བ་ལྟ་བུ་བྱུང་བས་རང་ཡི་དམ་བསྒོམ་པའི་སྤྱི་གཙུག་ནས་རྐང་མཐིལ་ཡན་ཆད་ལྟེམས་ཀྱིས་གང་བར་བསྒོམ། དེའི་ངང་ལ་གཉིད་དུ་འགྲོ་བར་བྱ། ནང་པར་ལངས་ཁར་མི་དང་ཆིག་མ་འདྲིས་གོང་དུའང་དེ་ལྟར་བསྒོམ། འདིས་ནད་དང་གྲིབ་ལ་སོགས་པའི་ཚུལ་གཏན་མི་ཚུགས་གསུངས།།

ནད་བརྒྱ་སྨན་གཅིག

དེ་ནས་དམིགས་པ་བསྒོམ་སྟེ། དེའང་དང་པོར་སྟོང་ར་སྒོམ་པ་འདི་གལ་ཆེ་བས། དེའང་ལོ་ནད་ལ་སྟོང་ར་ཞག་ཉི་ཤུ་རྩ་གཅིག་བསྒོམ། ཟླ་ནད་ལ་ཞག་གསུམ་ཙམ་བསྒོམ། གློ་བུར་ནད་ལ་ཐུན་རེ་ཙམ་བསྒོམ། སྟོང་ར་གང་ཡིན་སྙམ་ཙ་ན། སྦྱོར་བའི་ཆོས་ལམ་དུ་གཏོང་བ་དང་། སེམས་བསྐྱེད་པ་དང་ལུས་ལྟར་བསྒོམ་པ་རྣམས་རོ་སྙོང་བར་བྱས་ལ། དེའི་ཕོག་པའི་ནང་ཐམས་ཅད་རྒྱུ་ཕྱོ་དང་། ནང་ཁྲོལ། ལྡེན་ལྡིན་ལ་སོགས་པ་གང་ཡང་མེད་པར་རྟའི་ཁྲུ་མ་ཕྱུས་བཏབ་པ་ལྟར་གཙང་སང་ངེ་བ་ཞིག་ཏུ་བསྒོམ་པ་ཡིན། དེ་ལྟར་བསྒོམས་པས་ནད་ཐམས་ཅད་རྟེན་ས་མེད་པར་རྡིལ་གྱིས་འདུས་ནས་འོང་། དེ་ནས་སྐད་དུ་འདུས་ནས་འོང་སྟེ། དེ་ནས་ཕྱིར་བཏོན་ཏེ་ན་ས་དེར་བླ་མ་དམ་པའི་སྐུ་ཚོན་གང་བ་ཞིག་བསམ། དེ་ལས་ཡེ་ཤེས་ཀྱི་མེ་སྤྲ་ལྕུག་ཙམ་ཞིག་བྱུང་ནས་ས་འོག་ན་མར་ན་ར་ར་སོང་བར་བསམ་ཞིང་། དམིགས་པ་མེའི་རྩེ་མོ་ལ་གཏད་པས་སོས་པ་ལ་ཚེགས་མེད་དེ། དེ་ནི་རླུང་ལོག མིད་འཚུས། ཚད་པ་གསར་པ། ཚ་གྲང་འདྲེས་པའི་ནད་ལ་སོགས་པའི་ནད་ཐམས་ཅད་ལ་ཕན། དེ་ནི་ནད་བརྒྱ་དམིགས་པ་གཅིག་གིས་གསོ་བའི་ཐབས་བྱ་བ་ཡིན།

ལྟེ་འོག་སོར་བཞི་རྩ་གསུམ་གྱི་མདོར་སྤྱུ་མཚམས་ཕོང་པའི་ནང་དུ། ནད་ཚད་པ་ཡིན་ན་(རང་གི)བླ་མ་དམ་པ་དེ་(ཟླ་བའི)གདན་དང་སྐུ་མདོག་དཀར་པོར་བསྒོམ། གྲང་བ་ཡིན་ན་དམར་པོར་(ཉི་མའི་གདན)བསྒོམ། བད་ཀན་ཡིན་ན་མི་ཤ་ཁར་བསྒོམས་པས། ནད་ལས་གྲོལ་ཞིང་། ཡོན་ཏན་བསྐྱེད་དོ།།

〔༡〕 རླུང་ནད་ལ་དམིགས་པ།

རླུང་ལོག་གི་དམིགས་པ་ནི། རླུང་ལོག་འོང་བའི་རྒྱུ་དང་། བྱུང་བའི་རྟགས། དེའི་དམིགས་པའོ། །དང་པོ་འོང་བའི་རྒྱུ་ལ་གཉིས་ཏེ། རིང་བའི་རྒྱུ་དང་། ཉེ་བའི་རྒྱུའོ། །

རིང་བའི་རྒྱུ་ནི། སྒོམ་ཆེན་པས་ཏིང་འཛིན་ལ་གནད་དུ་སོང་བས་སྔོན་གྱི་ལས་ངན་རྣམས་སློངས་ནས་འོང་བ་ཡིན་ཏེ། ཨ་མོ་གྷ་པཱ་ཤའི་རྒྱུད་ལས་ཀྱང་། གང་ཚེ་དངོས་གྲུབ་འབྱུང་བའི་ཚེ། །དེ་ཚེ་ལས་ཀྱང་བཟློག་པར་འགྱུར། །ཞེས་གསུངས་པའི་དོན་ཡིན།

ཉེ་བའི་རྒྱུ་ནི། དམིགས་པ་མཐོས་པ་དང་། འཁྲུལ་འཁོར་མ་ལེགས་པས་རོ་སྟོད་སྐྱུར་པ། ཤེས་པ་གྲིམས་ཐལ་བ་དང་། རྣམ་རྟོག་མགོ་མ་ནོན་པ་དང་། གྱེན་ལ་དྲག་པོར་ཕྱིན་པ་ལ་སོགས་པས་འོང་བ་ཡིན།

བྱུང་བའི་རྟགས་ནི། ཤེས་པ་མི་གནས། ཁ་སྐོམ། འགྲོ་སྙིང་འདོད། སེམས་འཁྱོ། སྲོད་ལ་གཉིད་སྲབ། དགེ་སྦྱོར་མེད་པ་ལ་ཀླུ་དང་རྒྱལ་བསེན་གྱི་ཆོ་འཕྲུལ་ཆེན་པོ་འོང་། དགེ་སྦྱོར་ཡོད་པ་ལ་སངས་རྒྱས་དང་བྱང་ཆུབ་སེམས་དཔའི་ཞལ་མཐོང་བ་དང་། ཉམས་མཐོ་དམན་སྣ་ཚོགས་འོང་།

དེ་ལྟར་བྱུང་ན་དམིགས་པ་ནི། དབེན་པའི་གནས་སུ་བདེ་བའི་སྟན་ལ་1) **རྐང་པ་སྐྱིལ་མོ་ཀྲུང་ལྟོད་པར་བྱས། ལག་པ་བརླའི་སྟེང་དུ་**ལག་མཐིལ་མར་བསྟན་ལ་ཅི་བདེར་བཞག སྒྲིད་པ་ཤིན་ཏུ་དྲང་བར་བྱ། རོ་སྟོད་དགྱེ་བར་བྱ། མིག་ཕྱེ་བ་བཙུམ་པ་གཉིས་དམིགས་པ་གང་ལ་གང་གནད་དུ་འགྲོ་བལྟ་ཞིང་བྱའོ།།

དེ་ནས་ལམ་དུ་བཏང་བ་ལ་སོགས་པའི་སྔོན་འགྲོ་གསུམ་པོ་བསྒོམ་པ་ལ། དངོས་གཞི་ལྟེ་བའི་འོག་ཏུ་བླ་མ་དམ་པའི་སྐུ་ཚོན་གང་བ་ཞིག་བསམ། དེ་ལས་གསེར་གྱི་རྡོ་རྗེ་རྩེ་དགུ་པ་སྦོམ་ཕྲ་རང་གི་སྙིང་པའི་ཚད་ཙམ་པ་ཞིག་བྱུང་ནས་མཇུག་གུ་ཐུང་ནས་མར་ཕོན། ས་འོག་ཏུ་མར་ཇེ་དམའ་ལ་འོག་གི་ནམ་མཁའ་ལ་ཐུག་པ་མེད་པར་སི་རི་རི་འགྲོ་བར་དམིགས་ནས། དེ་ལ་མ་ཡེངས་པར་ཡུན་རིང་དུ་བསྒོམ། དེའང་རྣམ་པར་རྟོག་པ་མ་ལངས་ཀྱི་བར་ལ་ཤེས་པ་གཏད་ལ། གསལ་ན་གསལ་བའི་ངང་ལ་བཞག དམིགས་པ་རང་གི་ལུས་ལ་མི་གཞུག ཡང་བླ་མའི་སྐུ་ལས་ཡེ་ཤེས་ཀྱི་མེ་བྱུང་བར་དམིགས་ལ། ས་མ་ལྷར་ས་འོག་ན་མར་སོང་བར་བསམས་ཏེ། དམའ་བ་མེ་ལྕེའི་རྩེ་མོ་ལ་མ་ཡེངས་པ་གནད་ཆེ་བ་ཡིན། ངལ་ཞིང་དུབ་པའི་དུས་ན་མལ་སྟུས་མཐོ་བ། བྱིན་གྱིས་གཞོལ་བའི་སྟེང་དུ་**2)ལུས་ཕྱི་གན་རྐྱལ་དུ་ཉལ**་ཏེ། རྐང་པ་ཐང་ཤ་ཆོད་པར་བརྐྱང་ལ། ལག་པ་གཉིས་བརླ་རྩར་མར་ཅི་ བདེར་བཞག སྔར་བཞིན་དམིགས་པ་ལ་འབད། རྐང་མཐིལ་ལ་མར་ཉིང ངང་། ཚོལ་ཆེན་ལ་སོགས་པ་བཙུད་ཆེ་བ་རྣམས་ཀྱི་ས བྱུག་པ་བྱ། ས་འོག་འདོམ་གསུམ་ཙམ་ནས་བྱུང བའི་རྡོ་ལེབ་སྲབ་མཐུག་སོར་བཞི་ཙམ་པ་ཆེ ཆུང་སོར་བཞི་ཙམ་གྱིས་དུགས་བྱ། ཁ་ཟས་ནི་བཙུད་ཆེ་བ་དང་དྲོད་ཆེ་བའི་རིགས་རྣམས་བཏང་། ཤ ཏིལ་སྣུམས་དང་ཚ་བ་(རྣོ་ཚ་བའི་རིགས)་ཁ་བ་ལ་སོགས་པ་རྣམས་སྤྱང་ངོ།།

1)

2)

༼ ༣ ༽
མཁྲིས་པའི་ནད་ལ་དམིགས་པ།

མཁྲིས་པའི་ནད་ལ། སྟོང་ར་ཞག་བདུན་བསྒོམ། དེ་ནས་ཕོང་པའི་ནང་ན་མར་ཆུ་གྲང་མོ་ཆུ་བོའི་རྒྱུན་ལྟ་བུ་ཞིག་བསམ་མོ།།

༡

བད་ཀན་གྱི་ནད་ལ་དམིགས་པ།

བད་ཀན་གྱི་ནད་ལ། སྔོང་ར་ཞག་བདུན་བསྒོམ། དེ་ནས་ནད་ཀྱི་དངོས་པོ་ཨ་ཙུ་ར་ཞིག་ཏུ་བསམ་མོ།།

བར་བད་ཀན་གྱི་ནད་ལ། ལྕེ་སྣ་གདོངས་ཤིང་ཕོ་བ་འཁྲིག་པ་ལ་ལུས་སྐྱིལ་ཀྲུང་བཅས་ལ། ཚིགས་པའམ། སྙིང་ག་ན་ལྷུགས་ཀྱི་རྡོ་རྗེ་རྩེ་ལྔ་པའམ་དགུ་པ་ཞིག་བསྒོམ། དེའི་ལྟེ་བ་ལ་ཧཱུྃ་ནག་པོ་ཞིག་བསྒོམ། འཁྲུར་གཡོས་པའི་ཤུལ་བཞིན་ཆགས་པ་དེ། རྡོ་རྗེས་དཀྲུག་པས་ནད་ཐམས་ཅད་ཉིལ་ཉིལ་བྱུང་བར་བསམ། དེའི་རྗེས་ལ་གློ་ཕོག་པ་བཞིན་བྱས་པས། ནད་ཕྱིར་ཕྱུར་བར་བསམ། སྐྱུ་བ་ལྟ་བུའི་གདམས་པའོ།།

བད་ཀན་གྱི་གེགས་ལ་རྟུགས་ན་སྔོང་ར་ཞག་བདུན་བསྒོམ། དེའི་ནང་ན་མར་རྩ་གསུམ་ཤར་རེ་ཡོད་པར་བསམ། ནད་ཀྱི་དངོས་པོ་ཨ་གཅིག་ཏུ་བསམ་མོ།།

༩

བད་ཀན་སྨུག་པོར་དམིགས་པ།

བད་ཀན་སྨུག་པོའི་བཅོས་ལ། ལམ་དུ་བཏང་བ་སོགས་སྔོན་འགྲོ་རྣམས་གོང་དང་མཐུན། ཟས་བསིལ་ཤས་ཆེ་བར་བྱས་ལ། ཚོད་བླ་མ་དམ་པ་སྙིང་གི་དབུས་སུ་བསྒོམ། བླ་མའི་སྐུ་ལས་ཡེ་ཤེས་ཀྱི་བདུད་རྩིའི་ཆུ་རྒྱུན་ཤིན་ཏུ་བསིལ་བས་ལུས་ཀྱི་ནང་ཐམས་ཅད་ཁེངས་ནས། ནད་ཐམས་ཅད་སངས་སངས་དག་པར་བསམ་ཞིང་བཤང་ལམ་ནས་འདོན་པར་བྱའོ། །དེས་ཕན་པར་འགྱུར་རོ།།

〔༥〕

བད་ཀན་མིད་འཆུས་ཀྱི་དམིགས་པ།

མིད་འཆུས་འོང་བའི་རྒྱུ་ནི། ཟ་བའི་མེ་དྲོད་ཞི་བས་འོང་བ་དང་། ནོར་གྱི་ཞེན་པ་ཆེ་བས་གཙོད་མ་ནུས་པས་འོང་བས། དེའི་གཉེན་པོར་བསོད་ནམས་ཀྱི་ཚོགས་བསག དམིགས་པ་ནི་བཤང་ལམ་དུ་ཧཱུྃ་མཐིང་ནག་མགོ་ཐུར་དུ་བསྟན་པ་ཞིག་བསམ། དེ་ནས་མེ་ཐུར་འབར་བ་ལ་དམིགས་པ་གཏད་ནས་རླུང་བཟུང་། ཁྲག་ཡོང་པར་བཏང་ངོ།།

ཡང་མིད་འཆུས་འོང་བའི་རྒྱུ། ཟ་བའི་མེ་དྲོད་ཉམས་པ་དང་། ཟས་མ་ཞུ་བ་དང་། ནོར་གྱི་ཞེན་པ་དང་། གྲོགས་པོ་ལ་ཕྲག་དོག་བྱས་པ་རྣམས་ལས་བྱུང་། དེའི་གཉེན་པོ་བསོད་ནམས་ཀྱི་ཚོགས་བསག ལུས་སྐྱིལ་ཀྲུང་བཅའ། འབྲེལ་པ་ཅན་གསུམ་སྔོན་འགྲོ་བསྒོམ། སྔ་དྲོ་བླ་མ་དམ་པའམ། ཡང་ན་མགྲིན་པར་གསེར་གྱི་རྡོ་རྗེ་བསྒོམ། ཕྱི་དྲོ་ཧཱུྃ་དམར་པོ་མགོ་ཐུར་དུ་བསྟན་པ་ཞིག་གཞུག་གྲུ་ཐུང་དུ་བསྒོམ། དེ་ལས་མེ་ཐུར་དུ་འབར་བས་ས་འོག་ན་མར་ནར་གྱིས་སོང་བ་བསྒོམ། མེ་ལྕེའི་རྩེ་མོ་ལ་དམིགས་པ་རྩེ་གཅིག་ཏུ་གཏད་ལ་བསྒོམ། ཡང་ན་གསང་བའི་གནས་སུ་བླ་མ་དམ་པའི་སྐུ་ཚོན་གང་བ་ཞིག་བསྒོམ། དེའི་ཐུགས་ཀ་རྡོ་རྗེ་རྩེ་ལྔ་པ་ཞིག་བྱུང་བས། ས་འོག་ན་མར་སོང་བས། དབང་ཆེན་གསེར་གྱི་ས་གཞི་ལ་ཐུག་པར་བསམ་ཞིང་། རྡོ་རྗེ་ལ་དམིགས་པ་གཏད།

མིད་འཆུས་བྱ་བ། དང་ག་འགགས་ནས་ཟས་ཅི་ཡང་མི་ཞིམ་ལ། ལུས་ཀྱང་ཞེད་སྣོར་བ་ཞིག་འོང་ལ་མཉམ་གནས་ཀྱི་མེ་རླུང་གི་ནུས་པ་ཉམས། ཟས་མ་ཞུ་བ་ལས་བྱུང་བ་ཡིན་པས་(མེ་དྲོད་ཉམས་པའང་ཟེར)དེ་ལ་ལྷུ་བ་དཀར་པོ་སྐྱུགས་ན་ཕན་པ་དཀའ། དེ་མིན་ན་ལྟེ་འོག་ཏུ་མེ་ཁུ་ཚུར་ཙམ་ཞིག་བསྒོམས་པས། ཟས་ཞུ་ནས། དང་ག་སྐྱེ། དང་པོ

འབྲུ་སྣ་དཀྲུ་དང་། ནས་ཆང་དང་། ཟན་སླན་དེ་ཚོད་ཟིན་པར་བཏང་། དེ་ནས་ཅི་ཟློས་ཀྱང་འཇུ་ལ། ལུས་ཟུངས་བཟང་པོར་འགྱུར་རོ།།

༦ མ་ཞུ་བ་ལ་འཁྲུལ་འཁོར་དང་དམིགས་པ།

སྔོ་སྦྲོས་ཚད་མ་ཞུ་ན་ལུས་སྐྱིལ་ཀྲུང་བཅའ། ལག་པ་གཉིས་པུས་མོར་གླན་ལ། ལྟེ་བའི་འོག་ཏུ་མེ་སོར་བཞི་ཙམ་ཞིག་འབར་བར་བསམ་ཞིང་དེ་ལ་དམིགས་པ་གཏད། རོ་སྟོད་རོ་སྨད་གཉིས་རང་ཐག་ཡ་ཡོད་མ་ཡོད་དུ་བསམ་ལ། **1)སྙིང་རླུང་མནན་ཏེ་དཀྲུགས་པའི་འཁྲུལ་འཁོར་བྱའོ།།**

མ་ཞུ་བ་བཅོས་པ་ལ། ཁ་ཟས་རུལ་སུངས་ཚ་སྐྱུར་སྤང་། བསིལ་རྫོད་སྙོམས་པ་བསྟེན་པར་བྱ། སྤྱོད་ལམ་ཚ་གྲང་དང་བསྟུན་ལ་བསྟེན། སྔོན་འགྲོ་གོང་ལྟར་བྱ། སྟོང་ར་སྒོམ་དུས་ཐོ་རངས་ཡིན་པས། ཐོ་རངས་ནས་བཟུང་སྟེ། ཉི་བར་གྱི་བར་དུ་སྟོང་ར་བསྒོམ་པར་བྱའོ། །དེ་ནས་ལྟེ་བའི་ནང་དུ་བླ་མ་དམ་པ་མཐེ་བོང་ཙམ་ཞིག་གསལ་སིང་ངེ་བསྒོམ། དེ་ལྟར་བསྒོམས་པས། ཚ་དབལ་དབལ་བྱེད་པ་དང་གྲང་ཉོག་ཉོག་བྱེད་པ། བདེ་ཐྲིལ་ཐྲིལ་བྱེད་པ་དང་ཟུག་ཆེན་པོ་ལྡང་བ། སྐྱུགས་པ་དང་འབྱུངས་པ་ལ་སོགས་པ་འབྱུང་། སྐྱུགས་ན་ནད་དེ་ལ་ཕན་ཏེ་ཕྱིས་སྐྱུགས་མང་དུ་འགྲོ་བས་བླ་མའི་སྐུ་ལས་ཡེ་ཤེས་ཀྱི་བདུད་རྩི་དཀར་པོ་ནར་གྱིས་བྱུང་ནས། འདོམ་གསུམ་ཙམ་དུ་ས་གཏིང་དུ་བསྲིང་། རླུང་བཤང་ལམ་ན་མར་ཐུལ། དེས་ནད་འབྱོངས་སུ་ཐོན་ནས་འོང་། འབྱོངས་སུ་མ་བྱུང་བར་རླུང་ཐོན་པའང་ཡོད། དེས་རྩ་མིག་གི་ནད་ཐོན་པ་ཡིན་པས་ཤིན་ཏུ་བཟང་། དེས་ན་མ་ཞུ་བའི་ནད་སོས་པར་འགྱུར་རོ་གསུངས།

ཡང་དང་པོ་ལམ་དུ་བཏང་། སེམས་བསྐྱེད། ལུས་ཡི་དམ་གྱི་ལྟར་བསྒོམ། ཡི་དམ་ལྟར་བསྒོམས་པས་རང་གི་ལུས་འདི་ཤ་དང་། རུས་པ། ཆུ་ཁྲུས། ཁྲུ་ལྔ་ཉལ་ཉིལ།

ཅག་ཅོག་ཐམས་ཅད་མེད་པར་ཁྲུ་མ་ཕྱུས་བཏབ་པ་བཞིན་དུ་གཙང་སངས་ཀྱིས་དག་པར་བསྒོམ། དེ་རྣམས་དམིགས་པའི་སྔོན་འགྲོ་ཡིན།

དངོས་གཞི་ལྟེ་བའི་འོག་ཁོང་པའི་ནང་། སྨྱུ་མཚམས་ཀྱི་ཐད་སོར་གཉུམ་མོ་ཡི་ཤེས་ཀྱི་མེ་བྱ་མོའི་སྒོང་ཙམ་པ་ལྷུགས་བསྡིགས་པ་འདྲ་བ་དམར་ཧྲིལ་ལེ་བ་ཞིག་བསྒོམ། རྟག་ཏུ་དེ་བསྒོམ། དེས་བཞེས་པ་འཇུ་བ་དང་། གསོལ་ཐང་ལ་བསྐྱེད་འོང་། གསོལ་ཐང་ལ་བསྐྱེད་བྱུང་བའི་དུས་སུ་སྐྱ་ཁམས་གཞན་རྣམས་རང་བཞིན་གྱིས་དྭངས་ནས་འོང་། ཐུགས་དམ་དམིགས་པ་འདི་ལ་ནན་ཏན་མཛད་པར་ཞུ།

དང་པོ་ལམ་དུ་བཏང་། དེ་ནས་བྱང་ཆུབ་མཆོག་ཏུ་སེམས་བསྐྱེད། ལུས་ཡི་དམ་གྱི་ལྷར་བསྒོམ། ཡི་དམ་གྱི་ལྷའི་ཁོང་པའི་ནང་དུ་རྒྱུ་ལྟོ་ཉལ་ཉིལ། ཅག་བཙོག་ཤ་དང་། རུས་པ་དང་རྐང་། ཆུ་རྒྱུས་ལ་སོགས་པ་གང་ཡང་མེད་པར་ཡི་དམ་ལྷའི་རྣམ་པ་ཁྲུ་མ་ཕྱུས་བཏབ་པ་བཞིན་སིང་ངེ་ཡོད་པར་བསྒོམ། དེ་ནས་ལྟེ་བའི་འོག་སྨྱུ་མཚམས་ཁོང་པའི་ནང་དུ་མེ་ཆེ་ཆུང་ཁྱུ་ཚུར་འབྲིང་པོ་ཙམ། ལྷུགས་བསྡིགས་པ་འདྲ་བ་དམར་ཧྲིལ་ལེ་བ་ཞིག་བསྒོམ། དེ་ལ་རྩེ་གཅིག་ཏུ་ཐུགས་གཏད་ལ། ཐུགས་དམ་ལ་ནན་ཏན་ཆེ་བ་མཛད་པར་ཞུ། དེས་གསོལ་དང་བདེ་བ། བགས་ཀྱིས་ཁམས་ཧེ་བདེར་འོང་བ་ཡིན།།

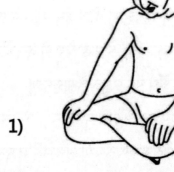

སྐྲན་ནད་ལ་དམིགས་པ།

སྐྲན་ལ་ན་ས་དེར་མཐེ་བོང་ཙམ་ཞིག་བསྒོམ། ཨོཾ་མེ་ས་མེ་ས་ཧཱུྃ། སྭོ་ཏ་ཡ་ཕཊཿ པྲེ་ཏ་པྲེ་ཏ་ས་མ་ཡ་ཀུ་རུ་ཀ་ར་ཙ་ར་ཡ་ཕཊཿཅེས་བཟླས་ནས་བཟའ་བཏུང་ཐམས་ཅད་ལ་གདབ། ཡང་ན་སྐྲན་གྱི་དཀྱིལ་དུ་བླ་མ་བསམ་ཞིང་། དེ་ལས་མེ་མཆེད་པས་སྐྲན་ཆིག་པར་བསམ་མོ།།

སྐྲན་བཅོས་པའི་ཐབས་ལ། (འབྲས་ལའང་དེ་བཞིན་བྱ) སྤྱོད་ལམ་དང་ཟས་བཅོས་གོང་བཞིན་བྱས། སྐྲན་གྱི་ནང་དུ་ཡི་གེ་ཧཱུྃ་མཐིང་དམར་ཞིག་བསྒོམས་ལ། ཡེ་ཤེས་ཀྱི་མེ་འབར་བས་སྐྲན་ཐམས་ཅད་བསྲེགས་པར་བསམ། དྲགས་ན་སྐྲན་རལ་ནས་ཤི་དོགས་ཡོད། ཚོད་བླངས་ལ་བྱའོ་གསུངས།

སྐྲན་གྱི་གེགས་ལ་རྟགས་ན། གང་ན་ས་དེར་མཐེ་བོང་ཙམ་ཞིག་བསམ་ལ། ཨོཾ་མེ་ས་མེ་ས་ཧཱུྃ། པྲེ་ཏེ་ས་མ་ཡ་ཀུ་རུ་ཀ་ར་ཙ་ཡ་སྭཱ་ཧཱ། ཞེས་བཟླས་ནས་བཟའ་བཏུང་ཐམས་ཅད་ལ་བཏབ། ཡང་ན་སྐྲན་གྱི་དཀྱིལ་དུ་བླ་མ་བསྒོམ་ཞིང་དེ་ལས་མེ་མཆེད་པས་སྐྲན་ཆིག་པར་བསམ། ཡང་སྐྲན་གྱི་དཀྱིལ་དུ་རྡོ་རྗེ་ཕྱུགས་རྗེ་ཆེན་པོ་བསྒོམ། ན་ཚ་ཆེར་སོང་ན། དམིགས་པ་གཞན་བསྒོམ། ཕྱག་རྒྱ་ཆེན་པོ་བསྒོམ། དམིགས་པ་བཏུད་དྲགས་ན་སྐྲན་བརྡོལ་ནས་འཆི་དོགས་ཡོད་པས་དམིགས་པ་གཞན་བསྒོམ་པ་དེ་ཡུལ་བཙལ་བར་བྱ་བ་ཡིན། སྲིད་བཅད་པ་ནི་རིམ་འགྲོ་བྱ་གསུངས།།

༼༧༽ དམུ་ཆུ་ལ་འཁྲུལ་འཁོར་དང་དམིགས་པ།

དམུ་ཆུ་འོང་བའི་རྒྱུ་དང་། བྱུང་བའི་རྟགས། གདོན་པའི་ཐབས། རྗེས་བཅད་པའོ། །དང་པོ་ལ་གཉིས་ལས།

རིང་བའི་རྒྱུ་ནི། སྔོན་ཐོག་མ་མེད་པའི་དུས་ནས་བསགས་པའི་ལས་ངན་ནོ། །

ཉེ་བའི་རྒྱུ་ནི། གྲང་ཤས་ཆེ་བ་དང་། ས་རླན་ལ་ཡུན་རིང་འདུག་པ་དང་། གདོན་གྱི་གནོད་པ་དང་། ཆུ་དུས་སུ་མ་བཙགས་པར་བསྡམས་པ་དང་། ཆུ་ལྷག་མ་ལུས་པ་ལ་སོགས་པའོ། །

ཁྲི་ཁྲག་ཏུ་སྒོམ་ཆེན་པའི་དབང་དུ་བགྱིས་ན་བདེ་བ་ཉམས་ཀྱི་དོགས་པས། བཀྲད་པའི་མཐའ་བསྒྱུངས་ཀྱི་འཁྲུལ་འཁོར་ལ་སོགས་པས་ཐིག་ལེ་བཟློག་པའི་ཐབས་བྱས་པས་ལན་གཅིག་བཟློག་པ་ཚུག་འོང་སྟེ། རླུང་གྱེན་ལ་ལོག་ནས་དྲི་ཆེན་དང་དྲི་ཆུ་རྣམས་རིམ་གྱིས་ཆགས་ནས་ལོ་གསུམ་ན་ཆུར་གསལ་བ་ཞིག་གནོད་འོང་བ་ཡིན་གསུངས། རྗེ་རིན་པོ་ཆེ་ལའང་ལོ་གསུམ་གྱི་གོང་ནས་བྱུང་བ་མ་ཚོར་གསུངས། ཕྱིས་སྐུ་ཨེན་གཅིག་འཕར་འདུག་པ་ལ། ཉེ་གནས་གསལ་སྒོམ་བྱ་བ་དབང་པོ་ཤིན་ཏུ་རྣོ་བ་ཞིག་ཡོད་པས་སྐུ་རྒྱབ་ལ་ལྷར་བཙུག་པས་འདི་ཆུར་འདུག རླུང་གསང་ཐམས་ཅད་འཕར་འདུག་ཟེར། དེ་ནས་སྐུ་ཧེ་བསྟུང་ལ་ཟླ་བ་དགུ་རྩ་བསྟུང་ནས་གྲོངས་སམ་སྙམ་པ་ལ་ཐུག་པའི་དུས་སུ། དཔལ་ཕག་མོ་གྲུ་པས་གསུངས་པ་ཡིན་ནམ། ལྷའི་བུས་གསུངས་པ་ཡིན་ནམ། ཚིགས་སུ་བཅད་པ་འདི་བྱོན་ཏེ།

ལྷག་མ་རླུང་གི་སྦྱོར་བ་ཡིས། །
སྐྲན་དང་དམུ་ཆུ་འབྱུང་བར་བྱེད། །
རྡོ་རྗེ་སྲིན་པོའི་སྦྱོར་བ་ཡིས། །
ཉེས་པ་ཐམས་ཅད་དབྱུང་བར་བྱ། །

ཞེས་པའི་ཚིགས་སུ་བཅད་པ་དེ་གསེར་ཁང་གི་སྟེང་གི་ནམ་མཁའ་ལ་གྲགས་ནས་ཉེ་གནས་རྣམས་ལ་ད་ལྟའི་ཚིགས་སུ་བཅད་པ་དེ་ཐོས་སམ་གསུངས། མ་ཁྲུམས་ལགས་བགྱི་བ་ཞུས་པས། ང་རང་གི་ཡིད་ལ་བྱུང་བ་ཡིན་སྲིད་གསུངས་ནས། དེའི་མཚན་མོ་རང་ནས་གཟིམས་མལ་གྱི་སྟེང་ལེགས་པར་བསྒོད་དེ། འཁྲུལ་འཁོར་འདི་མཛད་པས་ཆབ་ཐོན་པ་ལ་ཚེགས་མ་བྱུང་། དེའི་ནུབ་མོ་བྲེ་ལྔ་ཙམ་ཐོན། དེ་ནས་ཚེགས་མེད་པར་ཞག་ལྔས་སོས་པ་ཡིན།

གཉིས་པ་འདི་བྱུང་བའི་རྟགས་ནི། འགོ་ནས་ཟས་མི་འདུ། སྐོམ་འཕྱུངས་ཀྱང་ཆུ་བཙག་རྒྱུ་མེད་པར་རྐང་པའི་བོལ་གོང་དང་། ལྟེ་བའི་འོག སྨིན་ཕྱུགས། བརྒྱུ་དྭུག་མདོ་ལ་སོགས་པའི་རླུང་གསང་རྣམས་སྐྲངས། ལུས་ཟུངས་ངན་ནོ།།

གསུམ་པ་འདོན་པའི་ཐབས་ནི། སྟན་པགས་ཝུ་དཀར་པོ་ལ་བྱ། མལ་སྟུས་མཐོ་བ་བྱིན་གྱིས་གཞོལ་བར་**1)རྐང་པ་མར་ཤད་ཀྱིས་བརྒྱུང་ལ། དེ་ནས་ཡར་ཚུར་ཟད་བསྐུམས་ཏེ། རྟིང་པ་གཉིས་ཕྱིར་དགྱེ་བ་ལ་མཐེ་བོང་གཉིས་རྩེ་སྦྲད་པར་བྱ། ལག་པ་གཉིས་ཀྱིས་རྩེ་སོར་ནས་ཡར་འཐེན་པར་བྱ།** དེ་ནས་ལམ་དུ་བཏང་། སེམས་བསྐྱེད། ལུས་ལྷར་བསྒོམ། ལྟེ་བའི་འོག་ཏུ་ཨ་མ་དམ་པའི་སྐྱུ་ལས་ཡེ་ཤེས་ཀྱི་མེ་ཕུར་དུ་འབར་བས། ཆུ་བཤང་གི་བར་ན་མར་སོང་བས་ས་འོག་ཏུ་འདོམ་སུམ་ཅུ་རྩ་ལྔ་ཙམ་ན་མར་སོང་བར་བསམ། དེའི་དུས་སུ་འོག་རླུང་ནི། བཤང་

ལམ་ཕྱིར་ཨེན་ཙམ་ཞིག་ཕྱིར་འཕུལ་ལོ། །ཡང་དམིགས་པ་མེ་དང་བསྲེས་ལ་མེའི་རྩེ་མོ་ལ་དམིགས་པ་གཏད་ལ་བསྒོམ། དམིགས་པ་ཆུ་ལམ་ལ་གཏད་ན་ཐིག་ལེ་ཉམས་འགྲོ། བཤང་ལམ་ལ་གཏད་ན་སྨྱུངས་དྲག་འགྲོ་བས། ཆུ་བཤང་གི་བར་ལ་གཏད་ནས་བསྒོམས་པས་དྲི་ཆུ་འདྲེས་མ་སྲིན་ཞལ་ན་མར་འཐོན་པ་ལ་ཚོགས་མེད་དོ། །ཏ་ཙང་སྨྱུངས་དྲག་ན་འཆི་དོགས་ཡོད་པས་འོག་རླུང་འཛམ་ལ་རིང་བ་དལ་བུས་ཡར་འཐེན་ཅིང་། ལན་གཅིག་གཉིས་དྲངས་པས་ཆོག་འོང་། དེ་ནས་ཆུ་འཚག་པའི་འཁྲུལ་འཁོར་བྱས་ལ་སྦྱར་གྱི་དམིགས་པ་བསྒོམ་པས་ཆུ་ལམ་ལས་ཐོན་འོང་བ་ཡིན།

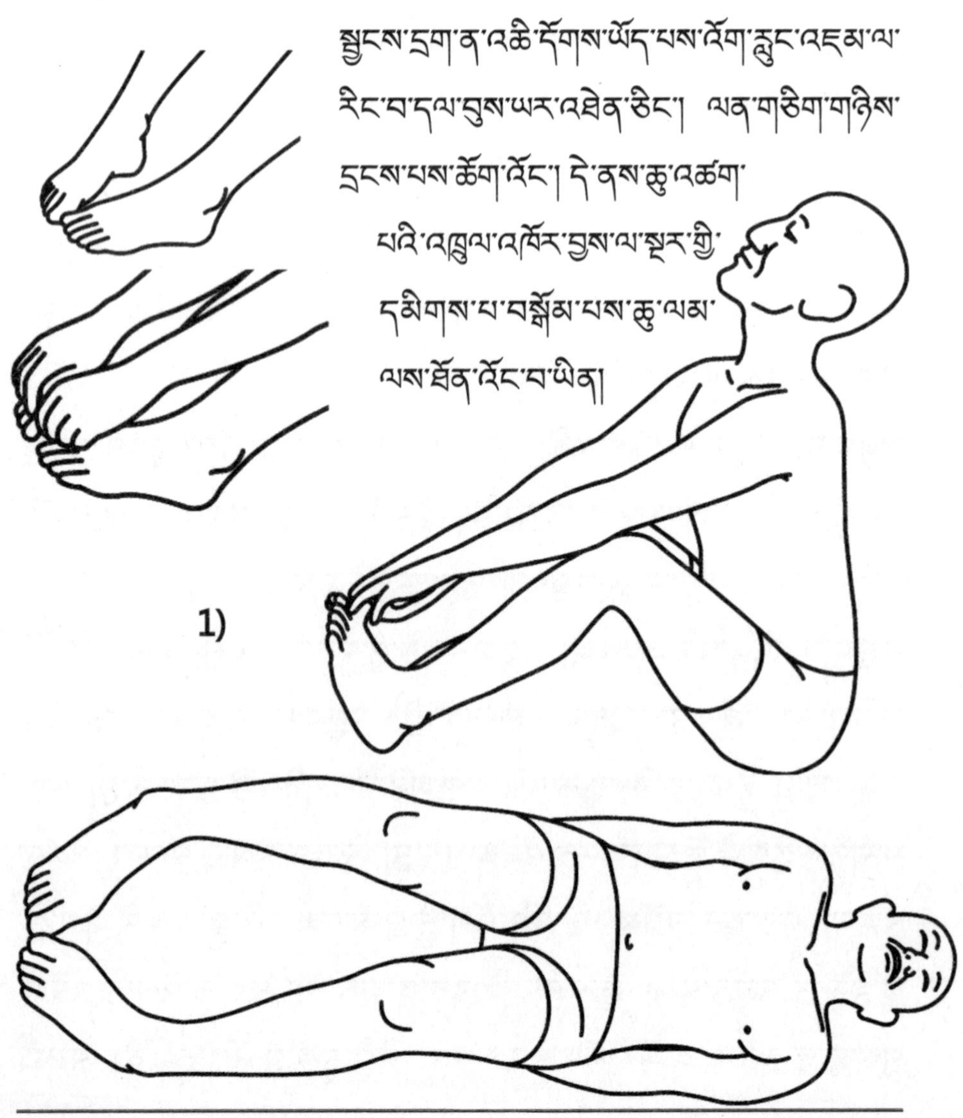

བཞི་པ་རྗེས་བཅད་པ་ནི། དམིགས་པ་དེ་ཟླ་རེ་ཙམ་དུ་ཡུན་བསྲིང་བ་གལ་ཆེ། དམིགས་པ་ཡུན་ཐུང་ན་ཆུ་ཐོན་པ་ལྟར་འདུག་ཀྱང་རྩ་མིག་ཏུ་ལྷག་མ་རྣམས་རུལ་ནས་ནད་ལྡོག་པ་ཡིན། ཟླ་མ་མལ་ཞིག་ཡང་དམིགས་པ་ཡུན་ཐུང་བས་ལན་པ་ཡིན་པས་རྗེས་རྒྱུན་བསྲིང་བ་གལ་ཆེའོ། །ཆུ་ཟད་ནས་བྱམས་སྙིང་རྗེ་དྲག་པོ་བསྒོམ་ན་ཡོན་ཏན་སྒྱུར་དུ་སྐྱེ་བ་ཡིན་ཏེ། རྩ་ཐམས་ཅད་སྟོང་པར་ཡོད་པའི་ནང་དུ་བྱང་ཆུབ་ཀྱི་སེམས་ཀྱི་རྟེན་འབྲེལ་སྒྲིག་པ་གལ་ཆེའོ། །དེ་ལྟར་བརྩོན་འགྲུས་དྲག་པོས་བསྒོམས་ཤིང་ཁ་ཟས་དང་ཁས་ཅི་ལེན་བཏང་ངོ་༎

ཞལ་གདམས་སྡུག་བསྔལ་སྐེམ་བྱེད་ལས། འབྱུང་བ་བཞི་ཆ་མ་སྙོམས་པས་རླུང་རང་སར་མི་གནས། རླུང་རང་སར་མི་གནས་པས་བཟའ་བ་དང་། བཏུང་བའི་དྭངས་སྙིགས་མ་ཕྱེད་པས་དྲི་ཆེན་གྱི་ལྷག་མ་ཤིན་ཏུ་འཁྲིགས་པ་ཞིག་ལོང་ཁའི་ཟུར་དུ་ལུས་པས་དྲི་ཆུའི་རྩ་ལམ་འགགས། དེར་ཆུ་ལན་གྲངས་མང་དུ་འབྱུང་བ་སྙམ་བྱེད་ཀྱང་ཐིང་ཆུ་ཆེ་བས་ལྷག་ཡས(མས)ཐིང་ཁེངས་པར་འོང་བ་བཞིན་དུ། འདིར་ཡང་རྩ་ཆུ་ལྷག་མ་གཉིས་ལ་རླུང་གི་སྦྱོར་བ་སྟོབས་རྒྱས་ནས་ཆུ་གསང་དྲུག་མདོ་ལ་སོགས་པའི་ལུས་

སྐྲངས་ནས་དམུ་ཆུ་འབྱུང་ངོ་༎

རབ་ཏུ་བྱུང་བ་དང་། སྒོམ་ཆེན་པ་ལ་འབྱུང་ཉེ་བ་ནི། ཚུལ་ཁྲིམས་རིན་པོ་ཆེ་བསྲུངས་པ་དང་། བསྐྱེད་རྫོགས་ཀྱི་དོན་བསྒོམས་པས་རླུང་གྱེན་དུ་ལྡོག་དེས་གཅིག་ཤོས་རྒྱས། དེ་འགྲིམས་པའི་ཐབས་ཧཱུྃ་རིང་ཐུང་ལ་སོགས་པ་བྱས་པས་གཅིག་ཤོས་མ་ཁྲིམས་པས་དམུ་ཆུ་འབྱུང་བ་ཡིན་གསུངས་སོ། །འོ་ན་ཇི་ལྟར་བྱ་སྙམ་ན། སུམ་ཆོས་ཀྱིས་ཉམས་སུ་བླང་གསུངས།

དམུ་ཆུ་བཅོས་པའི་ཐབས་ལ། སྦྱོར་བ། དངོས་གཞི། རྗེས་རྣམ་པ་གསུམ། སྦྱོར་བ་ལ་སྔོན་འགོལ་བ་དང་། སྤུས་མཐོ་བ། ཞབས་ཕྱོགས་ནས་ རླུང་དང་ལྷགས་པ་མི་འོང་བ། ཉལ་ས་ཤིན་ཏུ་བདེ་བར་བྱ། ཟ་ཆུ་འབྱུང་སར་སྔན་ནག་པོ་མ་ཡིན་པ་དཀར་པོ་ལ་སོགས་པ་བཏིང་བར་བྱ། བཟའ་བཏུང་ཏུལ་སྒུངས་མ་ཡིན་པ། ཀྭ་སྐྱུར་ཅན་མ་ཡིན་པ། བསིལ་ཕྱོགས་མ་ཡིན་པ། དྲོད་ཆེ་ལ་བཅུད་ཆེ་བ་རྣམས་བསྟེན་པར་བྱའོ། །ཤ་ཚ་བ་དང་རང་ཉམས་མི་ང་བའི་གཡོག་ཀྱང་ཚགས་པར་བྱའོ།།

དངོས་གཞི་ལའང་སྔོན་འགྲོ་དང་དངོས་གཞི་གཉིས་ལས། སྔོན་འགྲོ་ལམ་དུ་བཏང་བ་དང་སེམས་བསྐྱེད་པ། ལུས་ཡི་དམ་གྱི་ལྷར་བསྐྱེད་པ། སྟོང་ར་བསྒོམ་པ་དང་བླ་མ་དམ་པ་སྙིང་གི་དབུས་སུ་དྲན་ཙམ་བྱ་བའི་སྔོན་འགྲོ་རྣམས་རྒྱུད་ལ་སྐྱེ་བར་བྱའོ། ། དངོས་གཞི་ལ། ལུས་ཀྱི་འཁྲུལ་འཁོར་གན་རྐྱལ་དུ་ཉལ། རྐང་པ་གཉིས་ཤད་ཀྱིས་བརྐྱང་ལ། མཛུབ་གང་ཙམ་ཡར་བསྐུམ་པའི་སར་རྟིང་པ་གཉིས་ཕྱིར་བགྲད། མཐེ་བོང་གཉིས་སྦྲད། ལག་པ་གཉིས་བཤང་ལམ་གྱི་ཁ་གཡས་གཡོན་གཉིས་ཀྱི་བརླའི་ཤ་བོ་ཆེ་ལ་འཐེན། སེམས་དམིགས་པ་ལྟེ་བའི་འོག་ཁོང་པའི་ནང་རྩ་གསུམ་འདུས་པའི་མདོར་བླ་མ་དམ་པ་བསྒོམ། བླ་མ་དམ་པའི་སྐུ་ལས་ཡེ་ཤེས་ཀྱི་མེ་སྟོམ་ཕྲ་ལག་ངར་ཙམ་ཞིག་བཤང་ལམ་ན་མར་ནར་གྱིས་བྱུང་ནས། ལུས་ཀྱི་ཐད་སོའི་ས་གཏིང་ན་མར་དང་པོ་འདོམ་མདུན་ཙམ། དེ་ནས་ཇེ་རིང་ཇེ་རིང་ལ་བསྒོམ་པར་བྱའོ། །དམིགས་པ་ས་གཏིང་དུ་འགྲོ་མ་ཉན་ན། ཨོཾ་སྭ་བྷཱ་ཝ་ཤུདྡྷཱཿསརྦ་དྷརྨཱཿསྭ་བྷཱ་ཝ་ཤུདྡྷོ྅ཧཾ། ཞེས་པས་སྟོང་པ་ཉིད་དུ་བསྒོམ། མེའི་རྩེ་མོ་ལ་གསེར་གྱི་རྡོ་རྗེ་རྒྱ་གྲམ་ཏུ་བརྫེད་པ་ཞིག་བཏགས་ལ་བསྲིང་། བླ་མ་མཚན་ཉིད་དང་ལྡན་པ་མེད་ན་རང་གི་ཡི་དམ་ལྷའི་ས་བོན་ནམ། ཕྱག་མཚན་ནམ། རིགས་ཀྱི་བདག་པོ་བསྒོམ་ལ། དེ་ལ་མེའི་དམིགས་པ་བསྲིང་བར་བྱ། དབང་བསྐུར་མ་ཐོབ་པ་ཡིན་ན། རྡོ་

པོ་ཐུགས་རྗེ་ཆེན་པོ་ལ་སོགས་པ་བསྒོམ་ཚོག ཡང་སྔར་བཞིན་དུ་རིགས་ཀྱི་བདག་པོ་ལ་སོགས་ལས་མེའི་དམིགས་པ་བསྐྱེད་པར་བྱའོ། །ལྟུང་གི་མན་ངག་ལ་དང་པོ་སྣ་སྒོ་ནས་སྙིང་ག་ཙམ་དུ་ཕྱུལ། དེ་ནས་ངལ་ཞིག་གསོ་ལ་ཕོ་བར་སླེབས་པར་ཕྱུལ། དེ་ནས་བཤང་ལམ་ཁར་ལྷན་གྱིས་སླེབས་པར་ཕྱུལ། དེ་ལྟར་བྱས་པས་དམུ་ཆུ་ལམ་ནས་འབྱུང་། དྲི་ཆེན་བཤང་ལམ་ནས་འབྱུང་། སྐྲངས་རྣམས་ཞི་ནས་ནད་ཕན་པར་འགྱུར་རོ། ཆུ་(དམིགས་པ་ཆུ་ལམ་བཤང་ལམ་བར་དུ་གཏད། བཤང་ལམ་དུ་གཏད་ན་ཆུ་ཐམས་ཅད་བཤལ་ཏེ་མི་དགའ། ཆུ་ལམ་དུ་བཏང་ཁམས་ཉམས་དོགས་ཡོད)ཆུ་ལམ་ལ་མ་ཐོན་པར་དྲི་ཆེན་དང་དྲི་ཆུ་ཐམས་ཅད་སྲིན་པོའི་ཞལ་ནས་འབྱུང་ན་ཆུ་ཐོན་ཡང་ནད་མི་ཕན་གྱི་དོགས་ཡོད་པས་འཁྲུལ་འཁོར་ཅོག་པུར་བྱ། སྔར་བཤང་ལམ་གྱི་ཁར་འགོལ་བཞག་ལ་རྒྱབ་ཕྱོགས་མཐོ་ཙམ་བྱ། རྐང་པ་གཉིས་ཀྱི་བར་དུ་ཆུ་སྣོད་ཅི་རིགས་པ་བཞག་ལ། ཆུ་འཚག་པའི་འཁྲུལ་འཁོར་བྱ། སྔར་བཤང་ལམ་ལ་བསྒོམ་པའི་དམིགས་པ་དེ་སྒྲོ་བའི་(ཐིག་རིལ)ཐད་ཀ་མར་བསྐྱེད་ལ་བསྒོམ། ལྟུང་ཆུ་སོར་བག་ཙམ་འཕྱུལ། དེས་ཆུ་ཆུ་ལམ་ལ་ཐོན་ནས་ནད་ཕན་པར་འགྱུར་རོ།།

རྗེས་བཅད་པ་ནི། ཆུ་ལ་ལྷག་མ་ལུས་ན་རྐང་སོར་ལག་སོར་ཆད་པ་སོགས་པ་འབྱུང་བས། བདེ་ནས་ཀྱང་ཟླ་བ་གཅིག་བར་དུ་འཁྲུལ་འཁོར་དང་། དམིགས་པ་སྔར་བཞིན་བྱ། དེ་ནས་ཀྱང་ཟླ་བ་གཅིག་གི་བར་དུ་ཕྱག་རྒྱ་ཆེན་པོ་བསྒོམ་པ་གལ་ཆེ། ལྷོ་བཅོས་དང་། སྤྱོད་ལམ་གྲང་སར་མི་སྡོད་པ། རྐང་རྗེན་ལ་སོགས་པ་མི་བྱ་བ་དངོས་གཞི་བཞིན་དུ་ཤེས་པར་བྱའོ་གསུངས། དེས་དམུ་ཆུ་བཅོས་པའི་ཐབས་ཡིན་ནོ།།

༨

ཚད་པ་གསར་པ་དང་རོ་སྟོད་ན་བ་གློ་ཆམ་བཅས་ལ་དམིགས་པ།

ཚད་པ་གསར་པ་དང་། རོ་སྟོད་ན་བ། གློ་ཆམ་ལ་སོགས་པ་ལ་སྲིན་ཞལ་སྟོང་ཧ་རེ་བསྒོམ། དེར་པདྨ་དཀར་པོ་འདབ་མ་བརྒྱད་པ་ཁ་ཕྱུར་དུ་བསྟན་པ། གདུགས་ལྟ་བུ་ཤིན་ཏུ་བསིལ་བ་དང་བཅས་པ་ཞིག་བསྒོམ།

དང་པོ་(ཚད་པ་རི་ཐང་མཚམས་ལ)ནད་སྨིན་དུ་གཞུག སྨིན་པའི་ཚད་ནི། ལྷེ་སྐྲ་ལ་གཞུང་སོང་བ་དང་། ལུས་གྲང་ཤུམ་བྱེད་པ། མགོ་བོ་ཚལ་པར་གཏོང་བ་ཙམ་དུ་ན་བ། ཚིགས་འབྱེད་པ་ཙམ་དུ་ན་བ་ལ་སོགས་འབྱུང་ངོ་། །དེའི་དུས་སུ་ཚ་ཆུ་དང་། ཀོ་མོག་གི་ཆུ་མ་ཡིན་པ་ཤད་ཀྱིས་འབབ་པའི་ཆུ་ལ་ནང་པར་སྐར་མ་མ་ཐྲོས་པའི་དུས་སུ་སྟོད་ནག་པོ་མ་ཡིན་པར་བླངས་ལ། ནད་པས་ཤེས་ཀྱང་རུང་། རང་ཡི་དམ་གྱི་ལྷར་བསྒོམ། བརྟན་པར་བྱ་བའི་ཆེད་དུ་ཡི་གེ་དྲུག་པ་བརྒྱ་རྩ་བརྒྱད་བཟླས། དེ་ནས་རྗེ་བོ་ལྷེམས་ཀྱིས་ཞུ་བས་ཡེ་ཤེས་ཀྱི་བདུད་རྩི་དཀར་སེར་གྱིས་བསྒོམ། ཐིམ་བུ་ལ་སོགས་པའི་སྐྱོགས་གཙང་མས་ལན་གསུམ་འཕྱུར། ནག་པོ་མ་ཡིན་པའི་གོས་མང་དུ་ཚགས་བྱ། ཆུ་དེ་ལ་ཕོར་བ་གང་ངམ། གསུམ་མམ། ལྔ་ལ་སོགས་པ་འོས་ཚད་ཅིག་བཏང་། དེ་ནས་གོས་རྣམས་རིམ་པ་བཞིན་དུ་བསྐོན་ལ་མ་ སུབས་དུ་བྱེབ། དང་པོ་ཆུ་འཁྱགས་དེས་འདར་བ་འོང་། དེ་ནས་ཆུ་ཞུ་སྣེ་ནད་རྣམས་རྟུལ་ཕྱོན་ནས་འོང་། གཞོན་ན་ལན་འགའ་བྱ། རྒན་ན་གྲང་བ་སྐྱེ་དོགས་ཡོད་པས་ཚོད་བཟུང་བར་བྱ། རྟེན་འབྲེལ་ཆུའི་སྦྱོར་བ་འདི་ག་བུར་གཏོང་བའི་དོད་ལགས་སོ།།

དེ་ནས་མར་བཏབ་པའི་ཆུ་དྭངས། ཧེ་ལོང་ཐང་ངམ། རི་ཐང་མཚམས་ཀྱི་ལྗོ་བཅོས་ལ་གཟབ་པར་བྱའོ། །དེས་ཚད་ནད་ཚབས་པོ་ཆེ་ཐམས་ཅད་ལ་ཕན་པར་འགྱུར་རོ། །

ཆམ་འཁྲུགས་ལ་སོགས་པ་ཚད་པ་གསར་པའི་ལྗོ་བཅོས་ནི། ལྗོ་བཅོས་གོང་དང་མཐུན། སྔོན་འགྲོ་གོང་དང་མཐུན། སྟོང་ར་ཡུན་རིང་དུ་བསྒོམ། ཕོང་པའི་ནང་ནས་བཤང་ལམ་ན། མར་ལ་མེ་ཏོག་པདྨ་དཀར་པོ་འདབ་མ་ལྔ་པ་ཞིག་ནར་གྱིས་བྱུང་བས། འདོམ་གང་ཙམ་དུ་བསྲིང་། ཆེ་ཆུང་དཀར་ཡོལ་ཙམ་ཞིག་བསྒོམ། དེས་ཚད་པ་གསར་པ་ལས་ཐར་བར་འགྱུར་རོ།།

དེ་ནས་སྐྱབས་སུ་འགྲོ་བ་ལན་གསུམ་དུ་བྱས་ལ། རང་ལུས་ཡི་དམ་གྱི་ལྷར་བསྐྱེད། དེའང་ཁྲུ་མ་ཕྱུས་བཏབ་པ་བཞིན་དཀར་སིང་ངེ་བ་ཞིག་ཏུ་བསམ། སྙིང་གི་དཀྱིལ་དུ་ཟླ་མ་དམ་པ་འོ་མའི་རྒྱལ་པ་ལྷ་བུ་ཞིག་བསྒོམ། དེ་ལས་བདུད་རྩི་འོ་མ་ལྟ་བུ་མདོག་དཀར་པོ་རེག་བྱ་བསིལ་བས་ལུས་ཐམས་ཅད་གང་བར་བསམ། ཟླུང་མར་ཕུལ། སེམས་ཀྱང་སྨད་ལ་དམིགས་པ་གཏད་དོ། །ཚད་པའི་ནད་ལ་ཕན་པར་འགྱུར་རོ། །

ཚད་པའི་དམིགས་པ། དང་པོ་ལམ་དུ་བཏང་། སེམས་བསྐྱེད། ལུས་ཡི་དམ་གྱི་ལྷར་བསྒོམ། ཡི་དམ་ལྷའི་ཕོང་པའི་ནང་དུ། ཤ་དང་རུས་པ། ཁང་དང་ཆུ་རྒྱུས།རྒྱུ་ལྟོ་ཉལ་ཉིལ་བཙག་བཙོག་ལ་སོགས་པ་གང་ཡང་མེད་པ་ཕྲུ་མ་ཕྱུས་བཏབ་པ་ལྟར་གཙང་སིང་ངེ་ཡོད་པར་བསྒོམ། སྟོང་ར་དེ་ཞག་འགའ་བསྒོམས་པས། ཚད་རོ་སྙིང་པ་ཡིན་ན། ཚད་པའི་ནད་ཐམས་ཅད་རྩ་མིག་ཏུ་འགྲམ་ནས་ཡོད་པ་དེ་གནས་ས་མ་རྙེད་པར་ས་གཞི་དང་འདྲ་བའི་ལྟེ་བའི་འོག་ཏུ་འཚོགས། དེའི་རྟགས་སུ་ཟུག་དྲག་པོ་ལྷང་ལྷང་མི་ཚུགས་པ་ཞིག་འོང་། རྟགས་དེ་བྱུང་བའི་དུས་སུ་མྱུར་དུ་དམིགས་པ་མར་བསྲིང་དགོས་པས། ཟུག་གི་ངོ་བོ་དེ་ཧེ་བཙུན་མ་རྡོ་རྗེ་རྣལ་འབྱོར་མའི་སྐུ་མཐིང་གང་ཙམ་ཞིག་བསྒོམ།

དེའི་སྐུ་ལས་མེ་འབར་ནས་འདོམ་གསུམ་བཞི་ཙམ་ན། མར་ལ་ཆུ་ཐུར་དུ་བབ་པ་བཞིན་དུ་འབར་བའི་མེ་ལྕེའི་རྩེ་མོ་ལ་ཤེས་པ་གཏད། དེ་ལྟར་བསྒོམས་པས་མར་བཤལ་བས། འོག་རླུང་དྲི་མི་ཞིམ་པ་ལ་སོགས་པ་འོང་། དེས་ཤ་དང་ནང་ཆའི་ནད་ཐམས་ཅད་མར་འཐོན་ནས་འོང་བ་ཡིན། རེས་འགའ་སྐལ་ཚིགས་ཀྱི་ནང་ན་གཞུག་གུ་ཆུང་ན་མར། གླིང་བུའི་ནང་བཞིན་གསལ་ཏ་རེ་ཡོད་པར་བསྒོམས་པའི་ནང་ན་མར། མེ་འདོམ་གསུམ་བཞི་ཙམ་ན་མར་འབར་བར་བསྒོམ། དེས་ཏུས་པ་དང་། རྐང་དང་ཆུ་རྒྱུས་ཀྱི་ནད་ཐམས་ཅད་འཐོན་ནས་ཡོང་། དེ་ཞག་འགའ་བསྲིངས་པས་ཚད་པའི་ནད་ཐམས་ཅད་མ་ལུས་པར་ཐོན་པ་ཡིན།

རིམས་ཀྱི་ཚད་པ་སོ་མ་བྱུང་ན་ལྟེ་བའི་འོག ཁོང་པའི་ནང་དུ་རྡོ་རྗེ་ཐུགས་རྗེ་ཆེན་པོའི་སྐུ་ལོ་གསར་སྣང་གི་ཆུ་ལྟར་ཤིན་ཏུ་བསིལ་བ་ཞིག་བསྒོམ། སྟོད་ལམ་ལ་གཟབ།

༡༠

འཁྲུགས་པ་ལ་དམིགས་པ།

འཁྲུགས་པ་ལ་སྐྱིལ་ཀྲུང་བཅས་ལ་སྟོང་ར་བསྒོམ་པས་དྭངས་སྙིགས་ཕྱེ་ནས་འཚོའོ།།

༡༡

གཉན་ནད་ལ་དམིགས་པ།

གཉན་ནད་བཅོས་པར་བྱེད་པའི་ཐབས་ལ། རྩ་འུར་མིང་ནས་མི་འདོན། ཟས་དཀར་གསུམ་དང་མངར་གསུམ་སྤང་། ལམ་དུ་གཏོང་བ་ལ་སོགས་པ་སྔོན་འགྲོ་རྣམས་མྱུར་དུ་དྲན་ཙམ་བྱ། ཕོ་སྙིང་ལ་རྒྱུགས་པ་ཡིན་པས་བླ་མ་དམ་པ་སྙིང་གི་དབུས་སུ་བསྒོམ། དེ་ལས་ཡེ་ཤེས་ཀྱི་མེ་ཞིག་ནར་གྱིས་འབར་བས་ཕོ་དང་པོ་གར་ཞུགས་པའི་ས་དེར་ནད་(ཚབ་ཆེ་ན་སྙིང་གི་དབུས་སུ་བླ་མ་དམ་པ་བསྒོམ། དེ་ལས་ཡེ་ཤེས་ཀྱི་མེ་འབར་བས་རང་གི་ལུས་ཀྱི་ནང་གང་ནས། ཕོ་གར་ཞུགས་པ་དེར་ཏལ་གྱིས་མཐོ་གང་ཙམ་ཕྱིར་ཏ་ལ་ལ་འབར་བར་བསམ) སྡིག་སྒྲིབ་ཐམས་ཅད་མེ་དེའི་རྩེ་མོ་ལ་བསྲེགས་པར་བསམ། (གག་པ་ལ་མེ་དེ་བྱུང་ནས་གྲེ་བར་ནད་དེ་བསྲེགས་པར་བསམ། དེ་ལས་མཐོར་མི་བཏང་)། ནད་དབལ་ཆོགས་(ཚོགས)ནས་ལུས་ལས་མཐོ་གང་ཙམ་ན་མེ་བསྲེང་། དེས་ནད་དེ་ཐོན་པ་ཡིན།།

༼༡༣༽ འབྲུམ་ནད་ལ་དམིགས་པ།

འབྲུམ་པ་བཅོས་པའི་ཐབས་ལ། སྐམ་ནད་སྐྱོད་གཟེར་ལ་སོགས་པའི་ཚད་པ་དང་འདྲ་བས། ལྷོ་བཅོས་ཁྲོད་བཅུད་སྤྱང་། རྩ་རྡུ་ལ་སོགས་པ་ཅི་འོང་བཏང་། སྔོན་འགྲོ་གོང་དང་འདྲ། རྒྱུད་ལ་བསྐྱེད། འབྲུམ་བུ་ཕྱིར་རྗོལ་མ་ཉན་ན། ཡི་དམ་གྱི་ལྷ་ཕྱོགས་ཕྱོགས་ནས་ཤིན་ཏུ་ཆེ་བར་བསྒོམ། འབྲུམ་པ་ནང་དུ་ལོག་ན་བླ་མ་དམ་པ་སྙིང་གི་དབུས་སུ་བསྒོམ། འོད་ཟེར་དཔག་ཏུ་མེད་པ་སྤྲོས། བ་སྤུའི་བུ་ག་ནས་ཕྱིར་སྤྲོས་པར་བསྒོམ། འབྲུམ་བུ་མགོ་ནག་ན་ཁ་ཟས་བཅུད་ལ་སོགས་པ་ཆོད་བླངས་ལ་བཏང་དེས་ཕན་པར་འགྱུར་རོ།།

འབྲུམ་བུའི་ནད་འདི་འབྲུམ་བུ་མེ་དབལ་ནག་པོ་བྱ་བ་ཤིན་ཏུ་འཇིགས་པ་ཡིན་ཏེ། འདི་ལ་དམིགས་པ་མིན་པ་བཅོས་མེད། དེ་ལ་ཆོས་རྗེ་ཞལ་བཞུགས་དུས་ཀྱི་དམིགས་པ་ནི། སྔོན་འགྲོ་དང་རྗེས་ཀྱི་ཆོས་གོང་དང་མཐུན། དངོས་གཞི་ལུས་ཡི་དམ་གྱི་སྟོང་རར་བསྒོམ་པ་དེ། དཔྱར་གྱི་ལུས་འདི་བས་ཕྱོགས་ཚ་ནས་ཕྱིར་སོར་རེ་རེས་སྤྲོམ་པར་བསྒོམ་པ་འདི་ཡིན་གསུངས།

ཡང་ན་སྔོན་འགྲོ་དང་རྗེས་ཀྱི་ཆོས་གོང་དང་མཐུན། དངོས་གཞི་ལུས་ཡི་དམ་སྟོང་རར་བསྒོམ་པས་འབྲུམ་བུ་ཐམས་ཅད་ཀྱི་མགོ་བོ་ནས། དཔེར་ན་སྤྲོས་རིས་ཀྱི་དུད་པ་བཞིན། དུད་པ་ཀུ་རྟིལ་ལི་ལི་ཕྱིར་སོང་བར་རྩེ་གཅིག་ཏུ་བསྒོམ་པས་འབྲུམ་བུ་ཐམས་ཅད་སིབ་ཀྱིས་ཕྱིར་ཐོན་ནས་ཆད་པ་ཡིན། འདི་ནི་ཕྱིན་ཆད་ཀྱི་འབྲུམ་བུའི་དམིགས་པ་ཤིན་ཏུ་ཟབ་པ་ཡིན་གསུངས།།

༼༡༣༽ རྒྱུ་གཟེར་ལ་དམིགས་པ།

རྒྱུ་གཟེར་དང་གཟེར་ཁྲུང་གིས་ན་བ་ལ། རྩ་དབུ་མ་གསལ་བཏབ་སྟེ། ཡར་སྣ་ཚངས་བུག་ལ་ཐུག མར་སྣ་རྡོ་རྗེ་ནོར་བུ་ལ་ཐུག་པའི་རྩ་ཕྱི་དཀར་ལ་ནང་དམར་བ་སྒོམ་ཕྲ་མདའ་སྨྱུག་ཙམ་པ་ཞིག་བསྒོམ་མོ། །དེས་ཁྲག་གི་ཁྲུས་རྒྱུགས་ཅིང་འོང་ངོ་།།

གཟེར་ཁྲུང་དང་། མཆིན་ཁའི་ནད་བཅོས་པར་བྱེད་པའི་ཐབས་ལ། ཁ་ཟས་བཅུད་ཅན་སྤང་བར་བྱ། ལམ་དུ་གཏོང་བ་ལ་སོགས་སྤྱོད་འགྲོ་རྣམས་གོང་དང་མཐུན། གང་ན་སར་བླ་མ་དམ་པའི་སྐུ་མཐེ་བོང་ཙམ་ཞིག་བསྒོམ། གཟེར་འཕོས་ན་བླ་མ་དམ་པའང་དེར་བསྒོམ། སྒོམ་ཆེན་རྟོགས་ལྡན་ཡིན་ན་ནད་དེ་རང་བླ་མ་དམ་པར་བསྒོམ་པ་ཡིན། གཟེར་ནད་ཀྱི་ངོ་བོ་ཚོགས་ན་ལྟེ་བའི་འོག་རྩ་གསུམ་འདུས་མདོར་བླ་མ་དམ་པ་བསྒོམ། དེ་ལ་ཡེ་ཤེས་ཀྱི་མེའི་དམིགས་པ་གོང་བཞིན་བསྒྲེང་བར་བྱའོ། །དེ་ལ་བློ་མི་འགྲོ་ན་ཡེ་ཤེས་ཀྱི་བདུད་རྩི་ཡུན་རིང་དུ་བསྒྲེང་བར་བྱའོ་གསུངས། གྲང་བའི་ནད་ཀྱི་མགོ་ན་བཞང་དམིགས་པ་འདི་བཞིན་ཉམས་སུ་བླང་བར་བྱའོ་གསུངས།

རྒྱུ་གཟེར་དང་གཟེར་ཁྲུང་གི་གེགས་ལ་རྟགས་ན། རྩ་དབུ་མ་དང་གཡས་གཡོན་གཉིས་གསལ་གདབ། འདིའི་ཡར་སྣ་ཚངས་བུག་གི་ནང་སྣ་བུག་གཉིས་ཐུག་པ། མར་སྣ་རྡོ་རྗེ་ནོར་བུ་ལ་ཐུག་པ་ཕྱི་དཀར་ལ་ནང་དམར་བ། སྒོམ་ཕྲ་མདའ་སྨྱུག་ཙམ་ཞིག་བསྒོམ། དེས་ཁྲག་གི་འཁྲུ་ཞིག་ཡོང་ངོ་།།

༡༩

གག་ལྷོག་གཟེར་གསུམ་ལ་དམིགས་པ་དང་འཁྲུལ་འཁོར།

གག་པ་དང་། ལྷོག་པ། གཟེར་གསུམ་ལ་གང་བྱུང་ཡང་སྙིང་ལ་བབ་ཉེན་ཡོད་པས། དང་པོ་སྙིང་གི་དཀྱིལ་དུ་བླ་མ་བསྒོམ། དེས་ནད་མི་འཕེལ་བ་ཡིན། དེ་ནས་ནད་འགོ་ན་འགོ་བའི་སར་བླ་མ་བསྒོམ། བླ་མའི་སྐུ་ལས་ཡེ་ཤེས་ཀྱི་མེ་འབར་ནས་སྐྲའི་གག་པ་བསྲེགས་ཏེ། དེ་ནས་མེ་ལྕེའི་རྩེ་མོ་མར་བཀུག་ནས་བཤང་ལམ་ན་མར་སོང་བར་བསམ། མགྲིན་པ་ན་ཡར་སོང་བར་བསམ་ན་རླུང་གྱེན་ལ་ལོག་ནས་སྲོག་འདོར་བ་ཡིན་གསུངས།

ཡང་ལྷོག་པ་བྱུང་ན། སྙིང་གི་དཀྱིལ་དུ་བླ་མ་ལ་མེ་ཤར་གྱིས་བྱུང་ནས། མེ་ལྕེའི་རྩེ་མོས་ནད་ཀྱི་དངོས་པོ་དེ་ཚིལ་ལི་ལི་ཚིག་ནས་ཕྱིར་ཉིལ་ལི་ལི་བྱུང་བར་བསམ། དེ་ནས་མེ་ལྕེའི་རྩེ་མོ་ཕྱུར་དུ་བཀུག་ནས་བཤང་ལམ་ན་མར་བཏང་། མགོ་ལ་གག་ལྷོག་གཉིས་ཀ་བྱུང་ཡང་སྐྲེད་པ་མན་ཆད་ཀྱི་དམིགས་པས་སེལ་ལོ།།

གཟེར་བྱུང་ན། ན་ས་དེར་བླ་མའི་སྐུ་མཐེ་བོང་ཙམ་ཞིག་བསྒོམ། གཟེར་འགོ་ནའང་འགོ་ས་དེར་བླ་མ་བསྒོམས་པས་གཟེར་ཆོག་ནས་ནད་འཚོའོ།།

ལམ་གཏོང་དང་། ཡི་དམ། སྟོང་ར་གསུམ་པོ་བསྒོམས་པའི་རྗེས་ལ། སྐུ་གཟེར་གར་ཡོད་པའི་ངོ་བོ་དེ། རྗེ་རིན་པོ་ཆེའི་སྐུ་གཟེར་དེ་ལས་མི་ཆེ་མི་ཆུང་བ་ཙམ་ཞིག་ཏུ་བསྒོམ། གཟེར་འགོ་མིན་མི་འགོ་མིན་བྱུང་ན། གཟེར་གར་འཁོས་པ་དེར་རྗེ་རིན་པོ་ཆེའི་སྐུ་དེ་ཙམ་ཞིག་བསྒོམ།

གག་ལྷོག་ཟེར་གསུམ་ལ། སྔོན་འགྲོ་ནི། ལམ་དུ་བཏང་བ་དང་། བྱང་ཆུབ་ཀྱི་སེམས་སྐྱེད་པ། ཡི་དམ་གྱི་ལྷ་བསྒོམ་པ། སྟོང་ར་མི་ཆེ་བར་བསྒོམ་པར་བྱའོ། །ཁྱིར་བཅོས་ལ་ཧིང་འཛིན་རྒྱལ་པོ་ལྟ་བུ། སྟགས་འབབས་ལྟ་བུའོ། །དེ་ལ་དང་པོ་ནི། དངོས་གཞི་བླ་མ་ཐུགས་ཀར་བསྒོམ་ཏེ་ཁོང་སྨན་ཡིན། དེ་ནས་གག་པའི་ཆུ་བུར་བྱུང་བའི་གྲངས་དང་མཉམ་པའི་ཐུགས་རྗེ་ཆེན་པོ་བསྒོམ་མོ།།

ལྷོག་པ་ལ། ཚ་ལྷོག གྲང་ལྷོག་གཉིས། མེ་ལྷོག་ཡིན་ན། སྙིང་ག་རུ་སྒྲོལ་མ་ལྗང་གུ་(འམ་སྟོན་པོ)བསྒོམ་ལ། དེའི་ཐུགས་ཀ་ནས་འོད་ཟེར་ལྗང་གུ་(འམ་སྟོན་མོ)བྱུང་ནས། སྐྲངས་པའི་སྟེང་ན་འོད་ཟེར་སྒོ་རེ་རེ་བསྒོམས་པས་དྲག་(གྲང་ལྷོག་ལ་འདི་བཏུབ་པོ)། གྲང་ལྷོག་ཡིན་ན། སྙིང་གར་བླ་མ་བསྒོམས་པའི་ཐུགས་ཀ་ནས་ཡེ་ཤེས་ཀྱི་མེ་དམར་ནར་གྱིས་སོང་ནས། སྐྲངས་པའི་སྟེང་དུ་སྒོ་རེ་རེ་ཡོད་པས། སྐྲངས་པ་གཞོབ་ཏུ་ཚིག་པར་བསམ་ཞིང་(མེ་ལྷོག་ལ་མི་བཏུབ་པོ)། མཐར་ཐུགས་ཀའི་བླ་མ་ལ་སེམས་(སྐུ་མདོག་དཀར་དམར་རིམ་པ་ལྟར)གཏོད།

གཟེར་བའི་སར་བླ་མ་བསྒོམ་ལ། ཟུག་ཅི་ཙམ་ཆེ་བ་དེ་ཙམ་དུ་བླ་མའི་སྐུ་ཡང་རྗེ་ཆེ་རྗེ་ཆེར་སོང་བར་བསྒོམ་ཞིང་། མཐར་འཇའ་ཡལ་བ་བཞིན་བསམས། དེས་འཕྲུལ་དུ་ལྡེ་བས་བླ་མའི་སྐུ་ཚད་མི་བསྒོམ་མོ། །རྗེས་ལ་བྱམས་པ་འབའ་ཞིག་བསྒོམ་པར་བྱའོ།།

ལྷོག་པ་ལ་སོགས་པ་སྐྲངས་པ་དང་། ནད་གཏན་ཟུག་པའི་ཕ་བོང་ལྟར་ཟུག་པ་ལ། གར་ན་བའི་སྟེང་དུ་ཉི་མའི་དཀྱིལ་འཁོར་ལ། དེའི་སྟེང་དུ་རཾ་ལས་མེ་བྱུང་བས་ནད་ཐམས་ཅད་ཞུང་མ་ལ་གོང་བུ་བྲུས་པ་བཞིན་དུ་ཏར་ཏར་སོང་བར་བསྒོམ། ཧིང་ངེ་འཛིན་བཟུ་བ་ལྟ་བུའོ།།

ནད་ཡར་འཕོ་མར་འཕོ་བྱེད་ཅིང་། འཁྱག་པ་ལྟར་འདྲེད་པ་ལ། རླུང་བུམ་པ་ཅན་བཟུང་ནས། གང་ན་བའི་སར་ཨའམ་ཟླ་མ་བསྒོམ། དེ་སྒྲུ་མའམ་ཆུ་ཟླ་ལྟ་བུར་བསྒོམ་པ་ལྟ་བུའོ།།

ཡང་ནད་གཟེར་ལ་སོགས་པ་འབྱུང་ན་གྲོགས་སམ། གྲུང་ལ་དམིགས་པ་གཏད་ལ། གཟེར་སར་སྟེ་གཅིག་གཏད་ལ། རླུང་བུམ་པ་ཅན་བཟུང་ངོ་། །མི་ལྷུགས་ལྟ་བུའོ། ། རོ་སྦྱོད་བསྡམས་པ་བཞིན་ན་བ་ལ། **1)རྡོ་རྗེ་སྐྱིལ་ཀྲུང་བཅས་ལ་ལག་པ་གཉིས་པུས་མོ་ལ་བཀན་ལ།** དབུགས་ཧབ་ཧབ་བྱ། ནད་ཕྱིར་ཐོན་པར་བསམ། སྟག་མོ་སྐྱུགས་པ་ལྟ་བུའོ། ། རོ་སྦྱོད་གཟེར་བའམ། ནད་རླུང་ལྟར་འཚུབ་ན་རྡོ་རྗེ་སྐྱིལ་ཀྲུང་བཅས་ལ་ལག་པ་གཉིས་པུས་མོ་ལ་འཇུས་ལ། རླུང་བུམ་པ་ཅན་བཟུང་ལ། གང་ན་བའི་སར་ལྷུགས་ཚགས་ལྟ་བུ་དམིགས་ནས་བུག་པ་ན་ཡར་ལ་ནད་ཀྱི་དངོས་པོ་ཐམས་ཅད་སྤོ་སྦྲུ་རུ་རུ་སོང་བར་བསྒོམ། ཏིང་ངེ་འཛིན་དྲྭ་མིག་ལྟ་བུའོ།།

གག་པ་ནི། གྲེ་བའི་ནང་ན་ཡར་ཐོར་པ་འོང་བ་ཡིན། དེ་ལ་དམིགས་པ་མ་བསྒོམ་ན་འགགས་ནས་འཆི་བ་ལ་ཚེགས་མེད་པས་དམིགས་པ་བསྒོམ་པ་གལ་ཆེ་སྟེ། དེ་ལ་སྔོན་འགྲོའི་ཆོས་གོང་དང་མཐུན། དངོས་གཞི་ལུས་ཡི་དམ་སྟོང་རར་བསྒོམ་པའི་གྲེ་བའི་ནང་གི་ཐོར་པའི་ངོ་བོ་ཇོ་བོ་ཐུགས་རྗེ་ཆེན་པོའི་སྐུ་ཆེ་ཆུང་ཐོར་པ་རང་ཙམ་དུ་བསྒོམ་པའི་སྐུ་ལས་ཡེ་ཤེས་ཀྱི་བདུད་རྩི་དཀར་པོ་ནར་གྱིས་བྱོན་པས། གྲེ་བའི་ནང་འདི་དཔེར་ན་འོ་ཟོའི་ནང་ཞོའམ་འོ་མས་གང་བ་བཞིན་དུ་དཀར་ལྷེམས་ཀྱིས་གང་བར་རྩེ་གཅིག་ཏུ་བསྒོམ། དེ་ལ་རྗེ་རིན་པོ་ཆེའི་ཞལ་ནས། རེས་འགའ་ནི་འོད་ཟེར་དཀར་པོས་གང་བར་སྒོམ་ཡང་གསུངས་པས། གང་གསལ་བ་ཞིག་བསྒོམ་པས་ཆོག་པ་ཡིན། རྗེས་ནད་ཡུས་ལ་སོགས་པ་མི་བྱ་བར་རྩ་རླུང་སོ་མར་དགེ་སྦྱོར་ལ་འབད་པ་གལ་ཆེ། ལྷག་

པར་བྱང་ཆུབ་ཀྱི་སེམས་བསྒོམ་པ་ལ་སོགས་པ་ལྷ་ལྷན་ལ་འབད་པར་བྱས་པས་ཐོགས་ཐོན་ཞིང་རྗེས་སྣགས་མི་ཡོངས་བ་ལགས་སོ།།

ལྷོག་པའི་དམིགས་པ་ཡང་སྔོན་འགྲོ་དང་རྗེས་ཀྱི་ཆོས་གོང་དང་མཐུན། དངོས་གཞི་འདི་ལ་དང་པོ་དོན་སྙིང་བསྲུང་བར་གལ་ཆེ་སྟེ། དཔེར་ན་མཁར་སྒོ་བསྲུང་བ་དང་འདྲ་སྟེ། ལུས་ཡི་དམ་གྱི་སྟོང་ར་བསྒོམ་པའི་ཆུ་སྐྱེས་ཀྱི་དབུས་སུ་རྗེ་རིན་པོ་ཆེའི་སྐུ་ཞིག་བསྒོམ། དེའི་སྐུའི་དཔལ་ལས་མེ་ལྷུག་གིས་མར་འབྱིན་པས་ལྷོག་པའི་འབྲུ་གུ་དེ་ལ་མེ་ལྕེའི་རྩེ་མོ་དེ་གཏད་ནས་ཚི་ལི་ལི་འབར་བར་བསྒོམ། རེས་འགའ་འབྲུ་གུ་དེར་བསྐོར་བ་བཞིན་འབར་བར་གཞན་པས་གང་གསལ་བ་བཞིན་དུ་བསྒོམ་གསུངས།

གཟེར་གྱི་དམིགས་པ་ཡང་སྔོན་འགྲོ་དང་རྗེས་ཀྱི་ཆོས་གོང་དང་མཐུན། དངོས་གཞི་ཡི་དམ་གྱི་ལྷ་སྟོང་ར་བསྒོམ་པས་རྗེ་རིན་པོ་ཆེའི་སྐུ་གཟེར་གྱི་བོང་དེ་བས་ཆེ་ཡང་མི་ཆེ། ཆུང་ཡང་མི་ཆུང་དེ་ཁོ་ན་ཙམ་ཞིག་རྩེ་གཅིག་ཏུ་བསྒོམ། དེ་ལ་གཟེར་འཛོམས་ཀྱང་དམིགས་པ་དེ་སྤོར་མི་བཏུབ། དམིགས་པ་མི་སྤོ་བ་གདམས་ངག་ཡིན།།

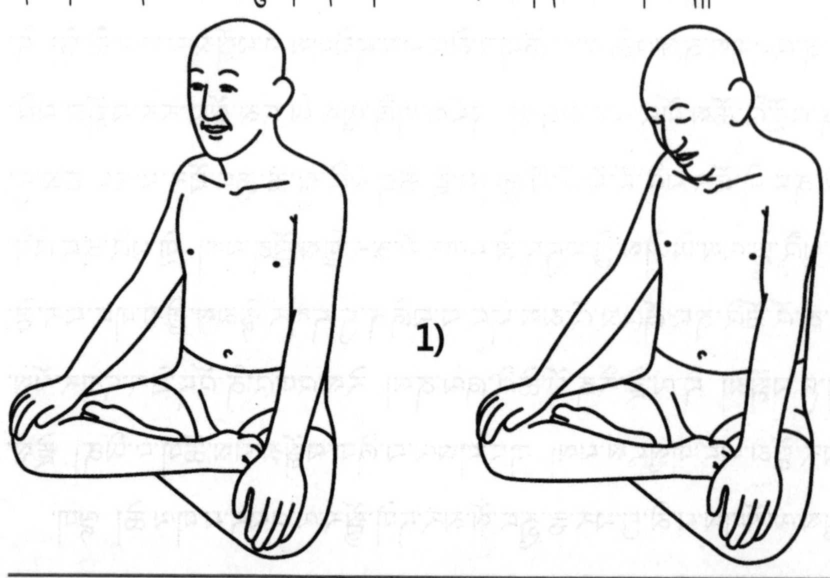

༧༥ མགོ་ནད་ལ་དམིགས་པ།

མགོ་འགས་པ་ལྟར་ན་ནས་ཅིག་ཀྱང་མ་ཕན་ན། ལྟེ་བའི་འོག་ཏུ་སྟོང་སང་ངེ་བ་ཞིག་བསམ། དེའི་ནང་དུ་ཇོ་བོ་ཐུགས་རྗེ་ཆེན་པོའི་སྐུ་འོད་ཟེར་དང་བཅས་པ་ཚོན་གང་བ་ཞིག་བསམ། དེ་ལྟར་ཕུར་ཚུགས་སུ་བསྒོམ་ན་མི་གཅིག་ཟན་ཟ་རིན་ལ་ནད་འཚོའོ།།

༡༨

མིག་ནད་ལ་དམིགས་པ།

མིག་ནད་ན་བ་དང་། མིག་མི་གསལ་བའི་རིགས་ལ། མིག་གང་ན་བའི་དོས་ཀྱི་རྐང་མཐིལ་དུ་པདྨ་དཀར་པོ་ཤར་མ་ཐག་པ་ལྷ་བུ་ཤིན་ཏུ་གསལ་བ་དང་བཅས་པ་ཞིག་བསམ།

མིག་འགྱུར་གསོ་བར་བྱེད་པའི་ཐབས་ལ། སྦྱོར་བ་ལ་ཟས་ཏིལ་སུངས་དང་། སྐོམ་ཚྭ་སྐྱུར་དང་། བསིལ་བའི་ཁ་ཟས་སྤངས་ཏེ། ཟྡོད་ཆེ་བ་དང་བཙུད་ཆེ་བའི་ཁ་ཟས་བསྟེན་པར་བྱའོ། །རྐང་རྗེན་དང་འཁྱགས་པ་ལ་སོགས་པ་སྤང་བར་བྱའོ།།

དངོས་གཞི་ལ། རང་གི་ནད་དེ་བཙོར་གྱིས་བཟུང་ལ། བདག་གི་ནད་འདིས་སེམས་ཅན་ཐམས་ཅད་ཀྱི་གཙོ་བྱས་པའི་ལས་ཀྱི་སྒྲིབ་པ་དང་། ཉོན་མོངས་པའི་སྒྲིབ་པ། ཤེས་བྱའི་སྒྲིབ་པ་ཐམས་ཅད་བྱང་ཞིང་དག་པར་གྱུར་ཅིག་ཅེས་ལན་གསུམ་དུ་གཏོང་བར་བྱའོ། །ལམ་དུ་གཏོང་བ་ཐམས་ཅད་དེའི་ལུགས་ཀྱི་རིགས་ཤེས་པར་བྱའོ་གསུངས། བྱང་ཆུབ་ཀྱི་སེམས་ལ་སོགས་པ་ཐབས་གཞན་རྣམས་ཀྱང་འདི་དང་འབྲེལ་པ་ཅན་དུ་བྱའོ། །ཕོ་བའི་ནང་དུ་བླ་མ་དམ་པ་བསྒོམ་ལ། བླ་མ་དམ་པའི་སྐུ་ལས་ཡེ་ཤེས་ཀྱི་མེ་ལྕགས་སྲེག་ཐབ་ཏུ་བཙུག་པ་འདྲ་བ། སྲོམ་ཕྲ་ལག་ངར་ཙམ་ཞིག་བཤད་ལམ་ན་མར་ཤར་གྱིས་བྱུང་ནས་འདོམ་བདུན་ལ་སོགས་པ་ཧྲེ་རིང་ཧྲེ་རིང་བསྲིང་བར་བྱས་ལ་མེའི་རྩེ་མོ་ལ་སེམས་རྩེ་གཅིག་ཏུ་མ་ཡེངས་པར་བྱས་ལ། གསལ་ན་གསལ་བའི་ངང་ལ་བཞག མི་གསལ་ན་མི་གསལ་བའི་ངང་ལ་བཞག དམིགས་པ་གཞན་རྣམས་ཀྱང་འདི་ལྟར་ཤེས་པར་བྱའོ།།

ཡང་ན་རྩ་གསུམ་འདུས་པའི་མདོར་བླ་མ་དམ་པ་བསྒོམ་པའི་དམིགས་པ་སྔར་བཞིན་དུ་བསྲིང་བར་བྱའོ། །

མིག་ནད་བཅོས་ཐབས་ཟས་ཏུལ་སྲུངས་དང་། ཚ་སྐྱུར་སྤང་བར་བྱའོ། །བསིལ་ཟྲོད་སྒོམ་པ་བསྟེན། ལམ་དུ་གཏོང་བ་ལ་སོགས་པ་གོང་དང་འདྲ། རྐང་པའི་མཐིལ་གཉིས་སུ་ཧཱུྃ་མཐིང་ནག་གཉིས་མགོ་ཕྱུར་དུ་བལྟ་བར་བསྒོམ། ཡང་ན་བྱ་རོག་གི་མིག་གཉིས་ནས་མིག་རིག་གེ་བསྒོམ་པར་བྱའོ། །ཡང་ན་མིག་གི་ཐད་སོའི་རྒྱབ་ཏུ་བྱ་རོག་གི་མིག་གཉིས་ནག་ཧྲིག་གེ་བསྒོམ་པར་བྱ། གང་ཉུང་ན་ན་གང་ན་ས་དེར་དེ་བཞིན་དུ་བསྒོམ་དེ་ཕན་པར་འགྱུར་རོ།།

མིག་མི་གསལ་བ་དང་ན་བའི་ངོས་ཀྱི་རྐང་མཐིལ་དུ་པདྨ་དཀར་པོ་ཤེན་ཏུ་གསལ་བ་ཞིག་བསྒོམ། མིག་ན་བར་དམིགས་པ་ནི། མིག་དང་རྐང་པའི་རྒྱུ་ཁྲུག་གཉིས་འབྲེལ་བ་ཡིན་པས་སྔོན་འགྲོ་དང་རྗེས་ཀྱི་ཆོས་གོང་དང་མཐུན། དངོས་གཞི་ལུས་ཡི་དམ་སྟོང་ར་བསྒོམས་ནས། མིག་གཉིས་ཀ་ན་ན། རྐང་པའི་རྒྱུ་ཁྲུག་གཉིས་སུ་མིག་གཉིས་ཁྲ་ཆེ་ལེ་བ་རེ་རེ་བསྒོམ། ཡ་མ་ན་ན་གང་ན་བའི་ངོས་ཀྱི་རྒྱུ་ཁྲུག་ཏུ་མིག་ཁྲ་ཆེ་ལེ་བ་ཞིག་བསྒོམ། དེ་ལྟར་རྩེ་གཅིག་ཏུ་བསྒོམས་པས་རྡོ་རྗེ་ལུས་ཀྱི་གནས་ལུགས་ཀྱིས་ཕན་པ་ལ་ཚེགས་མེད་དོ།།

གཉིད་གཙོག་ཅིང་འཐེབ་པ་ལ། ཚངས་བུག་ཁ་ཕྱེ་ཞིང་། རིག་པ་ནམ་མཁའ་ལ་གཏད། ནད་ཐམས་ཅད་ཕྱིར་སྤོ་བྱུང་བར་བསམ། མཐོང་ཁྲུང་ཕྱེ་བ་ལྟ་བུའི་གདམས་ངག་གོ །

༡༥

རྣ་བ་འོན་ན་དམིགས་པ།

རྣ་བ་འོན་ན། རྣ་བའི་བུ་གར་རྡོ་རྗེ་ཕྱུགས་རྗེ་ཆེན་པོ་བསྒོམ་མོ། །

རྣ་བ་ན་ན། རྣ་བའི་བུ་གར་མེ་མདུང་དམར་ན་ར་ར་འདུག་པར་བསམ་མོ། །ཡང་རྣ་བ་ན་ན། བསིལ་བའི་ཁ་ཟས་སྤང་། སྔོན་འགྲོ་རྣམས་འདྲ། རྐང་པའི་མཐིལ་ཉི་ཟླུར་ལོང་བུའི་ཐོག་ཏུ་འཁོར་ལོ་དཀར་པོ་རེ་རེ་བསྒོམ། ཡང་ན་རླུང་གི་དམིགས་པ་བསྒོམ། དེས་ཕན་པར་འགྱུར་རོ།།

རྣ་བ་འོན་པའམ་འུར་བའམ་ན་བར་གྱུར་ན། འདི་ཕལ་ཆེར་གྲང་བ་ཤས་ཆེ་བས་རྡོ་རྗེའི་ལུས་ཀྱི་གནས་ལུགས་ཀྱི་མཁལ་མ་དང་རྣ་བ་གཉིས་འབྲེལ་པ་ཅན་ཡིན། དམིགས་པ་ནི། སྔོན་འགྲོ་དང་རྗེས་ཀྱི་ཆོས་གོང་དང་མཐུན། དངོས་གཞི་ལུས་ཡི་དམ་གྱི་སྐོང་རང་བསྒོམ་ནས་རྣ་གཉིས་ན་ན་མཁལ་མ་གཉིས་ཀ་མེའི་རང་བཞིན་ལྷགས་བསྲེགས་པ་འདྲ་བ་ཆེ་ཆུང་མཁལ་རྡོག་ཙམ་རེ་ཁ་ན་བསྒོམ། རྣ་བ་ཡ་གཅིག་ན་ན་གང་ན་དོས་ཀྱི་མཁལ་མ་དེ་དེ་ལྟར་བསྒོམས་པས་རྣ་བ་ན་བའམ་འོན་པ་དེ་རྩ་བ་ནས་བདེ་བ་ཡིན་གསུངས།།

༡༨

སྣ་ཁྲག་དང་ཁྲག་སྐྱུགས་པར་འཁྲུལ་འཁོར་དང་དམིགས་པ།

ལུས་སྐྱིལ་ཀྲུང་བཅའ། སེམས་བསྐྱེད། ལྷ་བསྒོམ། **ཁ་ནམ་མཁའ་ལ་བསྟན་ལ། གཡས་ནས་བྱུང་ན་ལག་པ་གཡོན་པ་ས་ལ་གཞུག** གཡས་པ་པུས་མོ་ལ་དགབ། གཡོན་ནས་བྱུང་ན་ལག་པ་གཡས་ས་ལ་གཞུག གཡོན་པ་པུས་མོ་ལ་བཀབ། དམིགས་པ་ནི། སྣ་ཁུང་དུ་ཨ་དཀར་པོ་ཞིག་གིས་བཀག་པར་བསྒོམས་ཏེ་དབུགས་སྡོམས། དེས་ཆོད་པར་འགྱུར་རོ། །རླུང་དལ་བུས་མནན། ངག་ཏུ་དབུགས་སྟུས་ཞེས་བརྗོད་ཅིང་བཤང་གཅི་བཅེར་བ་བཞིན་བྱ། དེས་ཆུ་ཆགས་པ་དང་དྲི་མ་བསྡམས་པ་ལ་སོགས་པ་གང་ཡིན་སོས་པ་ལ་ཚེགས་མི་འདུག་གསུངས། སྣ་ཁྲག་ལུག་པའི་བཅོས་ཐབས་ནི། སྔོན་འགྲོ་རྣམས་འདྲ། སྐྱིལ་ཀྲུང་བཅའ། ལག་པའི་མཐེ་བོང་གཉིས་སྲིན་ལག་རྩར་གཏད་ལ། ཁུ་ཚུར་བཅང་། ལུས་དྲང་པོར་བསྲང་། བླ་མ་རྩ་གསུམ་འདུས་མདོར་བསམ། རླུང་རྒྱུ་ཞབས་སུ་སུལ། དེས་ཆོད། མ་ཆོད་ན་དབུ་ཆུ་ཉལ་བའི་འཁྲུལ་འཁོར་དང་དམིགས་པ་བསྒོམ། ཁྲག་སྐྱུགས་པ་བཅོས་ཐབས་ལ། ཟས་བཅོས་བསིལ་རྫོད་སྙོམ་པར་བྱ། སྔོན་འགྲོ་གོང་དང་མཐུན། སྔོན་འགྲོ་ཀོ་ཆུ་མ་ཡིན་པ་འབབ་ཆུ་སྐར་མ་མ་ཤྲིས་པར་བླངས་ལ་ནངས་པར་ལྟོ་སྟོང་ངམ། ནུབ་མོ་ཉལ་ཁར་ཕོར་པ་གསུམ་ཙམ་རེ་བཏང་། ཆུ་མ་ཞུ་བར་དུ་བཟའ་བཏུང་མི་བྱ། བླ་མའི་འདུ་ཤེས་ཤེས་རབ་ཀྱི་ཕ་རོལ་ཏུ་ཕྱིན་པའི་གནས་སུ་བསྒོམ། རླུང་ཡང་དེར་བཟུང་། དེས་ཕན་ནོ། །སྐྱུགས་པ་ལའང་ཕན། ཚེ་བསྲིང་བའི་མན་ངག་ཅེས་ཀྱང་བྱའོ། །རླུང་རོ་སྟོད་དུ་འཚང་ཞིང་རླུང་འཕྱུད་པ་ལའང་དེས་ཕན་གསུངས།།

༼༡༨༽ སོ་ན་བར་དམིགས་པ།

སོ་ན་བའི་བཅོས་ཐབས་ལ། བསིལ་བའི་ཁ་ཟས་སྤང་། རྡོད་ཆེ་ལ་བརྩུད་ཆེ་བ་རྣམས་བསྟེན། ན་སར་བླ་མ་དམ་པ་དང་། ཇོ་བོ་ཐུགས་རྗེ་ཆེན་པོ་ཡུངས་འབྲུ་ཙམ་ཞིག་བསྒོམ། རྐང་པ་ལ་བྱུག་པ་བྱ། སྲིན་བུའི་ནད་ཀྱང་དེས་ཕན་པར་འགྱུར་རོ།།

〔༣༠〕 སྙིང་རླུང་གི་ནད་ལ་དམིགས་པ།

སྙིང་རླུང་གི་ནད་བཅོས་ལ། བཟའ་བཏུང་རྡོད་བསིལ་སྙོམས་པ། བཅུད་ཆེ་བ་རྣམས་བསྟེན། སྔོན་འགྲོ་རྣམས་གོང་དང་འདྲ། དྲན་ཙམ་བྱ། སྙིང་གི་ལུང་ཐག་ནར་གྱིས་བསྒྲིངས་ལ། བཤང་ལམ་ཁར་སྙིང་གི་རྩེ་མོ་ཡར་བསྟན་ལ། པདྨ་དམར་པོ་འདབ་མ་བརྒྱད་པ་བསྒོམས་ལ། ཟེའུ་འབྲུ་ལ་བླ་མ་དམ་པ་བསྒོམ་པར་བྱ། མཐུན་པའི་གྲོགས་ཀྱིས་ཕེབས་པའི་ཚིག་གླེང་བར་བྱ། དེས་སྙིང་རླུང་གི་ནད་ལས་གྲོལ་བར་འགྱུར་རོ།།

༼༢༧༽
སྟོད་འཚངས་ཧ་ཡིས་འཁྲུལ་འཁོར།

སྔོན་འགྲོ་ནི། སྐྱབས་འགྲོ་སེམས་བསྐྱེད་ལེགས་བྱ་ཞིང་། སྐྱིད་རིམ་བསྒོམ་པ་ནི། ཡི་དམ་གང་ཡིན་མངོན་རྫོགས་བྱ། ལུས་གནད་རྣམ་སྣང་ཆོས་བདུན་བྱ། སྟོད་འཚངས་རེངས་ནས་དྲག་ཏུ་མ་འདོད་ལ། ཧ་དང་ཧ་ཐབས་འཁྲུལ་འཁོར་དམིགས་པའི་བཙོས་ཀ་བྱ།

རང་གནས་ཧ་ཡི་ལག་ལེན་ནི། **1)ལག་པ་གཉིས་སྦྲད་པའི་སྙིང་ཁར་ཡིད་དུ་འོང་ཡོད་པའི་སར།** ནད་ཐམས་ཅད་ཧ་ནག་པོའི་རྣམ་པར་འདུས་པར་བསམ། ནམ་མཁའི་མཐོངས་སུ་ཨ་དཀར་པོར་བསམ། རླུང་བཙུག་ནས་རྒྱབ་པ་དང་། སྙིང་པོའི་ཧ་ནག་པོ་ལ་ཐོག ཧ་ནག་པོ་དེ་སྙིང་ཀ་ནས་ཐོན། ནམ་མཁའི་ཨ་དཀར་པོ་དེ་ལ་ཐིམ། སྐྱེ་བ་དང་འགག་པ་མེད་པའི་ངང་ནས་ནམ་མཁར་འཇའ་ཡལ་བ་ལྟར་སོང་བར་བསམ། དམིགས་པ་ཡང་ཡང་སྐྱུར་ ནས། ཧ་ཉི་ཤུ། སུམ་ཅུ་བཞི་བཅུ་ལྔ་བཅུ་ནས། བརྒྱའི་བར་ལ་སྐྱུར་ ཞིང་། ཉིས་བརྒྱ་སུམ་བརྒྱ་སོགས་ཁམས་ཀྱིས་ནུས་ན། མང་པོར་ཕན་ པ་ཆེའོ། སྟོད་འཚངས་རེངས་པ་ལ་ཧའི་འཁྲུལ་འཁོར་ལས་ ཕན་པ་གཞན་མི་འདུག་པ་སྨིང་བས་གྲུབ་བོ། བཀའ་ བརྒྱུད་ཀྱི་བླ་མ་གོང་མ་རྣམས་ཀྱི་འཁྲུལ་འཁོར་གྱིས་ དམིགས་པའི་རིམ་པ་ཡིན་ནོ།།

1)

༼༣༣༽ གློ་བ་ན་བར་དམིགས་པ།

གློ་བ་ན་བ་ལ། ལྟེ་བར་བླ་མ་བསྒོམ་མོ། །དེ་ལ་གློ་ཆམ་ལ་སོགས་པའི་ནད་ཚད་པ་ཡིན་ན། མེ་འབར་བ་ལྟ་བུ་བྱུང་ན། དང་པོ་སྐྱབས་སུ་འགྲོ་བ་དང་སེམས་བསྐྱེད་པ་སྔོན་དུ་སོང་ནས། རང་སྒྲུ་ལུས་ལྷའི་རྣལ་འབྱོར་དུ་གསལ་བར་བསྒོམ། སྤྱི་བོར་བླ་མ་བསྒོམ་ལ། ཕྱི་ནང་གསང་གསུམ་དེ་ཁོ་ན་ཉིད་ཀྱི་མཆོད་པ་འབུལ། མོས་གུས་ཚད་མེད་པ་དྲག་པོ་ཞིག་བྱ། དེ་སྤྱི་བོ་ན་ཧཱུྃ་དཀར་པོ་མགོ་ཐུར་དུ་བལྟ་བ་དེ་ཞུ་བ་ལས། བྱང་སེམས་བབ་པར་བསམ།

ཡང་ན་སྤྱི་བོ་ན་བླ་མ་རྡོ་རྗེ་སེམས་དཔའ་སྐུ་མདོག་དཀར་པོ་དངུལ་ཆུའི་ཁ་དོག་ལྟ་བུ་ཞིག་བསམ། དེ་ལ་མོས་གུས་བྱས་པས། བྱིན་རླབས་ཀྱི་ཆུ་རྒྱུན་བླ་མའི་ཞབས་སེན་མོའི་བར་ནས། རང་གི་ཚངས་བུག་ན་མར་ལ་བབ་པ་ལས། མགྲིན་པ་ཡན་ཆད་ཁེངས། དེ་ནས་སྙིང་ག དེ་ནས་ལྟེ་བ་ཡན་ཆད་དཀར་མེར་གྱིས་ཁེངས་པས་རོ་སྟོད་བསིལ་སངས་ཀྱིས་སོང་བར་བསམ།

ཡང་ཚངས་བུག་ལ་བུག་པ་ཕུག་རོན་སྒོ་ང་ཙམ་ཞིག་དཀར་སིང་བསམ། དེ་ནས་ཡར་སེམས་ཉིད་ནམ་མཁའ་ལ་རྒྱངས་བཏང་། ཡས་ཀྱིས་བལྟས་པས་བྱང་ཕོག་ནང་ན་གློ་སྙིང་ལ་སོགས་པ་བཀྲ་ས་ལེར་འདུག་པར་བསམ།

ཡང་སྦྲ་མའི་ཆུ་རྒྱུན་གྱིས་བསིལ་སངས་སོང་བར་བསྒོམ། རྗེས་འཛིན་མེད་ཕྱག་རྒྱ་ཆེན་པོའི་ངང་དུ་བཞག ཏིང་ངེ་འཛིན་ག་བུར་ལྟ་བུའི་གདམས་ངག་ཡིན་གསུངས།།

(༡༢)

མཆིན་མཁྲིས་ཁ་སྐོར་ན་བར་དམིགས་པ།

མཆིན་མཁྲིས་ཁ་སྐོར་ན་བ་ལ། ནས་དེ་ཉིད་སྟོང་རང་བསམ་མོ། །སྟོང་པའི་ནང་དུ་ཟླ་མའི་སྐུ་ཚོན་གང་པ་ཞིག་བསྒོམ་མོ།།

[༣༩]
སྲིན་ནད་གླང་ཐབས་ལ་དམིགས་པ།

སྲིན་ནད་གླང་ཐབས་གྲོལ་མ་དྲུག་པའི་བཅོས་ནི། ལམ་དུ་གཏོང་བ་སོགས་པ་སྔོན་འགྲོ་གོང་དང་མཐུན། ཐང་པ་དང་། རྒྱབ་གཞུང་མེ་ལ་སྲོས་པ་བྱུག་པ་བྱ། བསྐུ་བྱུག་དྲག་ཏུ་བྱ། ལྟེ་བའི་འོག་ཏུ་བླ་མ་དམ་པ་བསྒོམ། དེ་ལས་ཡེ་ཤེས་ཀྱི་མེ་ནར་གྱིས་བྱུང་ནས་བཤང་ལམ་ན་མར་ནར་གྱིས་སོང་། འདོམ་བདུན་ཙམ་དུ་བསྲིང་དེ་ལ་སེམས་རྩེ་གཅིག་ཏུ་བྱ། ཤེས་ན་ཞུ་སྨན། སྲིན་སྨན་ཆུ་སྐྱོལ་གྱིས་ཕྱུལ་ལ་བཏང་། དེ་ལྟར་བྱས་པས་ཕན་པར་འགྱུར་རོ།།

༼༣༥༽ ཚ་འཁྲུ་དང་གྲང་འཁྲུ་ལ་དམིགས་པ།

འཁྲུ་བ་གཉིས་ལས་ཚ་འཁྲུ་ནི། སྤྱི་བོ་གཙུག་ཏོར་གྱི་ཐད་ཀར་སྙིང་པོ་ཁྲོམ་ཏེ་ཟླ་བའི་དཀྱིལ་འཁོར་ཉ་གང་བ་ལྟ་བུ་ཤིན་ཏུ་བསིལ་བ་དང་བཅས་པ་ཞིག་བསྒོམ།

གྲང་འཁྲུ་ལ་ནི། སྤྱི་བོ་གཙུག་ཏོར་གྱི་ཐད་ཀར་སྙིང་པོའི་ཁྲོམ་ཏེ་མེའི་འཁོར་ལོ་ཟླ་བའི་ཞབས་ལྟ་བུ་ཞིག་བསྒོམ།

ཚད་ནད་འཁྲུ་བ་བཅོས་པར་བྱེད་པའི་ཐབས་ལ། ཁ་ཟས་ཉུལ་སྲུངས། ཚ་སྐྱུར། ཀྲོད་ཀྱི་ཟས་སྐོམ་ནད་དབལ་མ་ཚོགས་བར་དུ་སྤང་། སྔོན་འགྲོ་གོང་དང་མཐུན། བླ་མ་དམ་པ་སྙིང་གི་དབུས་སུ་བསྒོམ། བླ་མ་དམ་པའི་སྐུ་ལས་ཡེ་ཤེས་ཀྱི་བདུད་རྩིའི་རྒྱུ་རྒྱུན་རེག་བྱ་བསིལ་བས་ལུས་ཀྱི་རྩ་གནད་དང་བཅས་པ་ཁེངས་ནས། ནད་ཐམས་ཅད་བདུད་རྩི་དང་འགྲོགས་ནས་བཤང་ལམ་ན་མར་ཐོན་པར་བསམ་མོ། །གཟེར་ཐུང་དང་། གྲང་བ་དང་། ཚ་བས་འཁྲུ་བ་གང་བྱུང་ཡང་རྟེན་འབྲེལ་གྱི་བཅོས་ཉམས་སུ་བླང་བར་བྱའོ་གསུངས།

འཁྲུ་ན་འོག་ རླུང་འཐེན། རིག་པ་སྤྱི་གཙུག་ཏུ་བླ་མ་ལ་མོས་གུས་དྲང་དྲང་བ་བྱ། རེས་ཀླད་པ་དྲུང་ཁང་དཀར་པོ་ལ་སེམས་བཟུང་། རེས་ནམ་མཁའ་ལ་རྒྱང་རྒྱང་གཏད། རྐང་པ་ནས་དྲུམ་དྲུམ་བཅད་ལ་བླ་མ་དཀོན་མཆོག་མཆོད།

སྐྱུགས་ན་སྙིང་དྲུང་མནན། ལྟེ་བར་བླ་མ་བསྒོམ། རིག་པ་གསེར་གྱི་ས་གཞི་ལ་གཟུང་། འོག་ནས་དུམ་དུམ་བཅད་ལ་བླ་མ་དཀོན་མཆོག་ལ་འབུལ། འོལ་ཀ་བསྒྱུར་བ་ལྟ་བུའོ།།

སྐུ་ཁམས་ཁྲག་ཏུ་བཤལ་བ་དེ་ཚད་པའི་ནད་དུ་འདུག འདི་ལ་དུས་རྒྱུན་ཏུ་ཟ་འཕྱུང་བྱེད་པའི་ཆུ་ནར་མ་དེ། ནངས་པར་སྐར་མ་མ་ཐོན་པའི་དུས་སུ་བླངས་ནས་གྲིབ་མ་ལ་བཞག ཆུ་དེ་རྗེ་བཙུན་སྤྱན་རས་གཟིགས་དབང་ཕྱུག་གང་ཡང་རུང་བར་བསམས་ལ། སྐུ་དེ་ལ་དམིགས་ལ་ཡི་གེ་དྲུག་པ་ནུས་ཚད་བཟླ། སྔགས་རྒྱུན་དུ་བྱས་ཀྱང་ཤིན་ཏུ་ལེགས། དེ་ནས་ལུས་གོས་མང་པོ་གོན། རྔོ་བར་བྱས་ལ། ཆུ་ཡོར་གསུམ་དང་། ཞོ། བདུན། མང་དུ་བཏང་བས་ཚེགས་མེད་པར་ཆད་པར་འདུག།

༼༣༨༽ ཆུ་འགག་ལ་འཁྲུལ་འཁོར་དང་དམིགས་པ།

དྲི་ཆུ་བསྡམས་ནས་ཚོ་བ་སྦྱོས། རྒྱུ་ཞབས་བགྲོལ་ནས་ན་ན། ལ་ས་ཀའི་འཁྲུལ་འཁོར་གྱིས་བཅོས་ཏེ་**1)ལུས་ཙོག་པུར་བསྡད་ལ་རྐང་པ་ཅུང་ཞིག་བགྲད། འཛོངས་ས་ལ་མ་རེག་པར་བྱ། ལག་པ་བརྣའི་ཕྱི་ཟུར་ན་མར་ལ་གནུགས། ཁ་གནམ་དུ་བསྟན། མགོ་མདུན་དུ་དལ་བུས་དགུག་ཅིང་།** རླུང་དལ་བུས་གཟུང་། ངག་ཏུ་ཧུད་ཏས༔ལུས་སྐྱིལ་ཀྲུང་བཅའ། འབྲེལ་པ་ཅན་གསུམ་པོ་སྔོན་འགྲོར་བསྒོམ། དེ་ལས་མེ་ཐུར་དུ་འབར་བས་ས་འོག་ན་མར་ནར་གྱིས་སོང་བར་བསམ་ཞིང་། མེ་ལྕེའི་རྩེ་མོ་ལ་དམིགས་པ་གཏད་ལ་བསྒོམ། ཡང་ན་གསང་གནས་སུ་ཟླ་མའི་སྐུ་ཚོན་གང་བ་ཞིག་བསམ། དེའི་ཐུགས་ཀ་ནས་རྡོ་རྗེ་རྩེ་ལྔ་པ་ཞིག་བྱུང་ནས་ས་འོག་ན་མར་སོང་སྟེ་དབང་ཆེན་གྱི་ས་གཞི་ལ་ཐུག་པར་བསམ་ཞིང་རྡོ་རྗེ་ལ་དམིགས་པ་གཏད་དོ།།

རྩ་ཆུ་འཐེམས་པ་འདི་ཤིན་ཏུ་འཇིགས་ཏེ་འདིས་འཆི་བ་ལ་ཐོགས་མེད་པ་ཡིན་པས། འདི་ལ་འཁྲུལ་འཁོར་དང་དམིགས་པ་གཉིས་ཡིན་ལ། སྤྱིར་ཡང་ལུས་ཀྱི་འཁྲུལ་འཁོར་དང་། སེམས་ཀྱི་དམིགས་པ། རླུང་གི་མན་ངག་གསུམ་ཡིན་ཏེ། རྡོ་རྗེའི་ལུས་ཀྱི་གནས་ལུགས་ཀྱི་འཁྲུལ་འཁོར་འདི་ཤིན་ཏུ་ཟབ་པ་ལགས་པས་རྩ་ཆུ་འཐེམས་ན་ལམ་པ་ཀའི་འཁྲུལ་འཁོར་འདི་གནད་ཤིན་ཏུ་ཆེ་བས་**2)རྐང་པའི་བྲང་བ་གཉིས་ས་ལ་མར་གཏད། ཕྱི་རྟིང་གཉིས་ཅུང་ཟད་ཡར་ཀྱག་པའི་སྟེང་དུ་བཙོ་བཙོ་གཉིས་བཞག ལག་པ་གཉིས་ཀྱི་སོར་མོ་རྒྱབ་ན་མར་ས་ལ་གནུག རོ་སྟོད་ཅུང་ཟད་དགྱེ་བ་**མདོར་ན་ལུས་གཞད་ཇི་ལྟར་འགྲོ་བ་བཞིན་བྱ། དེ་ལྟར་བྱས་པས་རྡོ་རྗེའི་ལུས་ཀྱི་གཞད་ཀྱི་རྩ་ལམ་ཆུ

ལམ་ན་མར་ལྷུག་གིས་འོང་། དེ་ལྟར་འཁྲུལ་འཁོར་གནད་ཀྱིས་སོང་བའི་དུས་སུ་དམིགས་པ་འདི་ལྟར་བསྒོམ་པས། སྔོན་འགྲོ་དང་རྗེས་ཀྱི་ཆོས་གོང་དང་མཐུན། དངོས་གཞི་ལུས་ཡི་དམ་སྟོང་ར་བསྒོམ་པའི་ཡུམ་གྱི་གནས་སུ་རིགས་ཀྱི་བདག་པོའི་སྐུ་མཐིང་གང་བ་ཞིག་བསྒོམ། དེའི་སྐུའི་དཔལ་ལས་མེ་ལྕེ་ལྷུག་གིས་འབྱིན་པས་རྩ་འཕེམས་ན། རྩ་ལམ་དེ་ཤིན་ཏུ་ཡངས་པར་བསྒོམ་པའི་ནང་ནས་འོག་གི་འཇིག་རྟེན་མར་ལྷུག་ལྷུག་འབབ་པར་བསམ། ཆུ་འཕེམས་ན་ཆུ་ལམ་ན་མར་ཤིན་ཏུ་ཡངས་པའི་ནང་ནས་འོག་གི་འཇིག་རྟེན་གྱི་ཁམས་མཐའ་མེད་པ་ན་མར་ལྷུག་ལྷུག་འབབ་པར་བསྒོམ། དེ་ལྟར་འཁྲུལ་འཁོར་དང་དམིགས་པ་རྩེ་གཅིག་ཏུ་སྦྱར་ན་རྩ་ཆུ་གང་འཕེམས་ཀྱི་ཚོགས་མེད་པར་ཐོན་པ་ཡིན།།

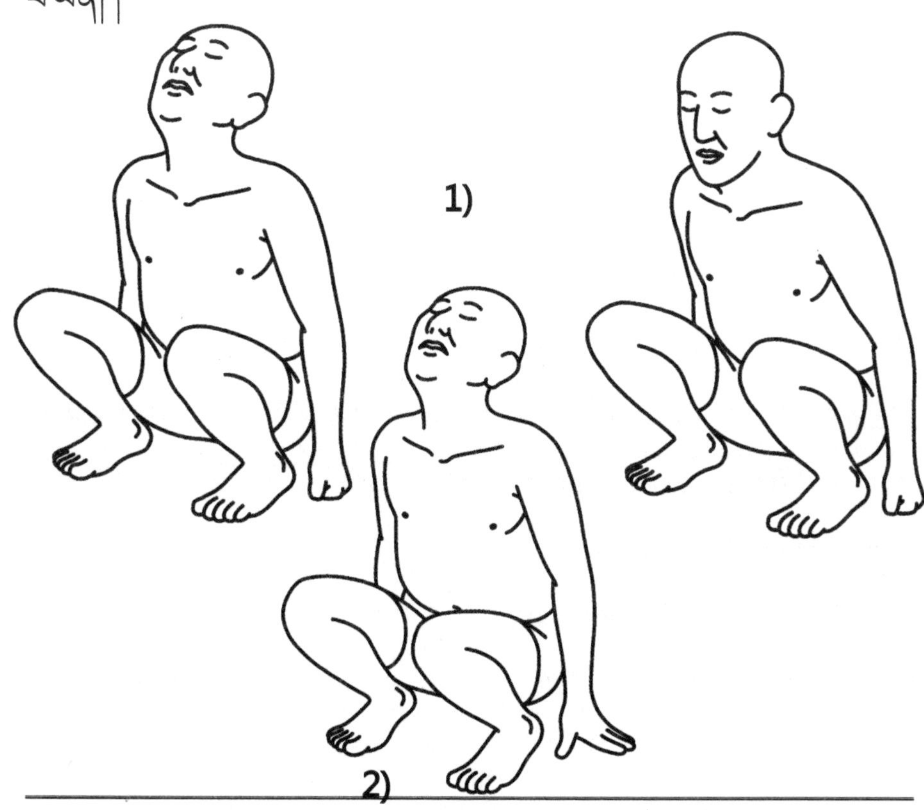

༼༡༥༽ དྲེག་ནད་ལ་དམིགས་པ།

དྲེག་གི་བཅོས་ལ། ལམ་དུ་བཏང་བ་སྔོན་འགྲོ་རྣམས་གོང་དང་མཐུན། ཚ་དྲེག་ཡིན་ན་ཟས་བསིལ་བ་རྣམས་བསྟེན། རྒྱུད་དྲེག་དང་། འཁྲུགས་དྲེག་ཡིན་ན་ཁ་ཟས་རྫོད་དང་བཅུད་ཆེ་བ་རྣམས་བསྟེན། རྟགས་ཚ་དབལ་དང་གྲང་དབལ་ལས་ཤེས་པར་བྱ། ཐུག་པ་སྨན་དཔྱད་དང་བསྟུན་ལ་བྱ། གང་ཡིན་ཡང་ཆུ་སེར་གྱི་ནད་གདོན་ནད་ཡིན་པས་བླ་མ་དམ་པ་སྙིང་གི་དབུས་སུ་བསྒོམ། བླ་མ་དམ་པའི་སྐུ་ལས་ཡེ་ཤེས་ཀྱི་མེ་འབར་བས་ནད་དང་གནོད་པ་ཐམས་ཅད་དེད་ནས། ལུས་ཀྱི་ཐད་སོ་སོ་གཏིང་ན་མར་འདོམ་པ་ཉེ་ཤུ་རྩ་གཅིག་གི་བར་དུ་བསྲིང་བར་བྱའོ། །གཡས་ན་ན་གཡས་བསྲིང་། གཡོན་ན་ན་གཡོན་བསྲིང་། གཉིས་ཀ་ན་ན་སྤྱི་ནས་བསྲིང་། ཡང་ན་རྩ་གསུམ་འདུས་མདོར་བླ་མ་དམ་པ་བསྒོམ། སྐུ་ལས་ཡེ་ཤེས་ཀྱི་མེ་ལྕགས་བསྲེགས་ཐབ་ཏུ་བཙུག་པ་འདྲ་བ། སྒོམ་ཕྲ་ལག་ངར་ཙམ་ཞིག་བཤང་ལམ་ན་མར་ནར་གྱིས་བྱུང་ནས་འདོམ་ཉེ་ཤུ་རྩ་གཅིག་གི་བར་དུ་བསྲིང་། མེའི་རྩེ་མོ་ལ་སེམས་རྩེ་གཅིག་ཏུ་བྱ། ཚད་མེད་པའི་སྙིང་རྗེ་ཆེན་པོ་དང་། དྲེག་བཞིན་དུ་མཛེ་ནད་ལའང་ཤེས་པར་བྱའོ་གསུངས། བླ་མ་མཚན་ཉིད་ལྡན་པ་མེད་ན། གཉིས་པོ་གང་ནས་བསྲིང་ཡང་ཡེ་ཤེས་ཀྱི་ཧཱུྃ་མཐིང་དམར་ལས་བསྲིང་བར་བྱའོ། །དེས་ཕན་གསུངས།།

༼༢༤༽ འབྲས་ནད་ལ་དམིགས་པ།

འབྲས་ནད་དཀྱིལ་དུ་ནྲྀ་མ་ཡུངས་འབྲུ་ཙམ་ཞིག་བསྒོམ། དེ་ལས་མེ་མཆེད་པས་ནད་ཀྱི་ངོ་བོ་ཚིག་པར་བསམ་མོ། །འབྲས་ནད་བཅོས་པའི་ཐབས་ནི། སྔོན་འགྲོ་རྣམས་གོང་དང་འདྲ། ན་སར་ཧཱུྃ་མཐིང་དམར་ཞིག་བསྒོམ། དེ་ལ་ཡེ་ཤེས་ཀྱི་མེ་འབར་བས་ནད་ཐམས་ཅད་བསྲེགས་པར་བསྒོམ། ནད་དབལ་ཚོགས་ནས་རྨ་ཁ་མ་སོས་ན་ཡི་གེ་ཨ་དཀར་པོ་ཞིག་བསྒོམ། དེ་ཞུ་བ་ལས་ཡེ་ཤེས་ཀྱི་བདུད་རྩིས་རྨ་གང་བར་བསྒོམ། ནུས་པ་ཅན་གྱི་སྔགས་རྗོན་པོ་འདེབས་པ་གལ་ཆེ། དེས་ཕན་པར་འགྱུར་རོ། །ཡང་དམིགས་པ་གང་ན་བའི་ངོས་རྐང་མཐིལ་དུ་པདྨ་དཀར་པོ་ཤར་མ་ཐག་འདྲ་བ་ཞིག་བསམ་མོ། །ཡང་ན་འབྲས་ཀྱི་སྟེང་དུ་མེ་ཞུང་འབྲུ་ཙམ་ཞིག་བསམ། དེས་ཁ་སོས། ཁར་བསྒོམས་པས་གཉིང་སོས་ཡོང་ངོ་།།

༼༣༨༽
རྐང་ལག་གི་ནད་ལ་དམིགས་པ།

སྲིར་དཔྱུང་པ་ནས་ལག་ངར་གྱི་ནད་ཐམས་ཅད་སོར་མོ་ན་ཕར་སོང་བར་བསམ། ཕྱུས་མོ་མན་ཆད་ཀྱི་ནད་ཐམས་ཅད་རྐང་པའི་སོར་མོ་ནས་མར་སོང་བར་བསམ། ལུས་ཡི་དམ་གྱི་ལྷར་བསྒོམ། ཡི་དམ་ལྷའི་ཐུགས་ཀྱི་དཀྱིལ་དུ་རྗེ་བཙུན་གསང་བའི་བདག་པོའི་སྐུ་མཁྲིད་གང་པ་ཙམ་ཞིག་བསྒོམ། རྗེ་བཙུན་གསང་བའི་བདག་པོའི་ཐུགས་ཀ་ནས་བདུད་རྩིའི་ཆུ་རྒྱུན་རྗེ་བཙུན་གསང་བདག་གི་སྐུ་མདོག་ལྟ་བུ་བྱོན་ནས། ཞབས་གཡས་གཡོན་གང་བསྐྱུང་བ་དེ་དཀྲིག་གིས་གང་བར་བསྒོམ།

ནད་དེའི་དམིགས་པ། ཞབས་ཀྱི་ཕྱུས་མོའི་ལྟག བརླ་ཕྲ་མོ་མན་ཆད། རྐང་པའི་མཐིལ་སོར་རྩེ་ཡན་ཆོད། ཤ་དང་། རུས་པ། རྐང་དང་ཆུ་རྒྱུས་ལ་སོགས་པ་གང་ཡང་མེད་པ། དབྱིབས་རྐང་པའི་དབྱིབས་སུ་ཡོད་པ། ཕྲུ་མ་ཕུས་བཏབ་པ་ལྟ་བུ་གཙང་སིང་ངེ་ཡོད་པར་བསྒོམ། ཞག་ཁ་ཅིག་སྟོང་ར་དེ་ཉིད་བསྒོམ། དེ་ནས་ཕྱུས་མོའི་འཕང་ལོའི་འོག་ཚིགས་ཀྱི་མགོ་དེར་རྗེ་བཙུན་མ་འཕགས་མ་སྒྲོལ་མ་སྐུ་མདོག་སྔོ་ལྗང་ནད་ཀྱི་འཇིགས་པ་སྐྱོབ་མ་འཛུམ་བག་དང་བཅས་པ་ཞིག་བསྒོམ། དེའི་སྐུ་ལས་བདུད་རྩིའི་ཆུ་རྒྱུན་ལོ་སར་ལྔ་བའི་ཆུ་ལྟར་ཤིན་ཏུ་གྲང་བ། གྲང་ལྷང་ངེ་བ་བྱོན་ནས། ཕྱུས་མོ་མན་ཆད་རྐང་པའི་སོར་རྩེ་ཡན་ཆོད་དཀྲིག་གིས་གང་བར་བསྒོམ། ཉིན་ཞག་ཕྲུགས་རེ་དེ་ལྟར་བསྒོམ། དེ་ནས་ཡང་ཉིན་ཞག་ཕྲུགས་གཅིག་ཙམ་སོང་བ་དང་། རྐང་པའི་སོར་རྩེ་ན་ཕར་བདུད་རྩིའི་ཆུ་རྒྱུན་དེ་ཐོན་ནས་ན་ར་ར་བབ་པར་བསྒོམ། དེ་ནས་ཡང་ཞག་གཉིས་ཙམ་སོང་བ་དང་། ཡང་རྗེ་བཙུན་མའི་སྐུ་ལས་བདུད་རྩིའི་ཆུ་རྒྱུན་བྱོན་ནས་སོར་རྩེ་

ཡན་ཆད་ཁེངས་པར་བསྒོམ། དེ་ཞག་གཉིས་གཉིས་སུ་རེས་འཇོག་ཏུ་ནན་ཏན་ཆེ་བར་བསྒོམ།

རྐང་ལག་ཞ་ན། སོར་མོ་ནས་སྤྱི་བོའི་བར་སྟོང་པར་བསྒོམ། དེ་ནས་པུས་མོའི་གྲུ་མོའི་བར་དུ་(ཟེར་དང་ནད་ཡོད་པ་ངོས་སུ)མེ་བྱ་སྒོང་ཙམ་ལ། མེ་ལྗེ་དམར་སྐྱ་ཧ་ཙང་མི་འཁྲིག་པ། སྤྱི་བོ་ནས་སོར་མོ་ཡན་ཆོད་སྒོ་རེ་རེ་གང་བར་བསྒོམས་པས་དྲག་གོ།

གྲང་བས་རྐང་པ་གོང་(གོར)པོར་སོང་ན། མེ་བྱ་སྒོང་ཙམ་ཞིག་པུས་མོའི་ལྷ་ངའི་འོག་ཏུ་བསྒོམ། དེ་ལས་མེ་ལྗེ་(ངར་དང་མེ་སྟག་མེད་པ)འཇམ་པོ་ཡར་ལ་ལྷུག་ལྷུག་བཏོལ་བས། ལྟེ་བ་མན་ཆད་སྒོ་རེ་རེ་གང་བར་བསམ། མར་ལྷུག་ལྷུག་བཏོལ་བས་སོར་མོའི་(རྩེ་མོ་ནས་བརྟན་ན་དམིགས་པ་རྣོན་པོས་བྲམ་ཟེ་ལ་ཆུ་སེར་བྱུང་དོགས་ཡོད་པས)འོག་ནས་བཏོན་ལ། ཁྲུ་གང་། མདའ་གང་། འདོམ་གང་ཙམ་བསྲིངས། དེས་ནད་ལས་གྲོལ་ཅིང་གདོན་ལས་ཀྱང་ཐར་བར་འགྱུར་རོ།།

རྫེས་ལ་གཉེན་དང་གྲོགས་པོ་ཕ་ཚད་སྐྱོལ་བྱ་བ་ཡིན། བྱམས་པ་དེ་ཉིད་རྒྱུན་བསྲིངས་ཏེ་བསྒོམས་ལ་རྩ་བ་ཐོན་པར་བྱའོ། །ལུས་ཉམས་ཀྱི་བཅོས་སོ། །

བྱད་ལག་སྦྲིད་ཅིང་ན་ན། རྒྱབ་ན་ཁ་མིག་དང་ཧྲུ་མ་ལ་སོགས་པ། མདུན་ཇི་ལྟ་བུ་ཞིག་རྒྱབ་ཏུ་བསྒོམ་པ་ཡིན། ཧིང་ངེ་འཛིན་མདུན་རྒྱབ་བསྒྱུར་བ་ལྟ་བུའོ།།

{༣༠}

ནད་སྲི་དང་ཐེ་བྲག་རྐང་པར་ཕན་པའི་དམིགས་པ།

དུས་རྒྱུན་དུ་ཉེ་བའི་འོག་ན་ནད་བརྒྱ་སྨན་གཅིག་གིས་ས་དེར་བཅོམ་ལྡན་འདས་མ་རྡོ་རྗེ་རྣལ་འབྱོར་མའི་སྐུ་མཐིང་གང་ཙམ་ཞིག་བསྒོམ། དེ་ལས་འོད་ཟེར་དམར་པོ་སིནྡྷུ་རའི་མདོག་ལྟ་བུ་འཕྲོས་པས་སོང་པའི་ནང་ནས་ལུས་ཀྱི་ཕྱི་ནང་མེད་པ་ཐམས་ཅད་ཉེམས་ཀྱིས་གང་བར་བསྒོམ། དེ་ཡུན་ཐུང་བ་ཞིག་བསྒོམས་ནས་དུས་རྒྱུན་དུ་ཉེ་བའི་འོག་གི་བཅོམ་ལྡན་འདས་མ་དེ་བསྒོམ། ཆོས་མིན་པ་ནི་མཛད་རྒྱུ་མེད། སྐུ་ཁམས་ཀྱི་སྤྱོད་པའི་དུས་སུ་འགྲོ་བའི་དོན་མཛད་པ་དང་། ཆོས་གསུང་བ་དང་། མི་སྤྱོད་པའི་དུས་དང་། སྐྱོ་ཤས་སྐྱེས་པའི་དུས་སུ་བདེ་བ་ཅན་གྱི་གནས་སུ་རྡོ་རྗེ་རྣལ་འབྱོར་མ་སྒོམ་ཞིང་དེ་ལ་ཐུགས་དམ་མཛད་པར་ཞུ། སྐུ་ཁམས་བདེ་ཞིང་ཡོན་ཏན་ཐམས་ཅད་དེ་ལས་འབྱུང་བ་ལགས།

ཉེ་བ་མན་ཆད་རྐང་མཐིལ་ཡན་ཆོད་སྟོང་ར་སོལ་བུར་ཞག་གཅིག་ཙམ་བསྒོམ། དེ་ནས་ཉེ་བའི་འོག་ཏུ་མེ་དམར་ལིང་ངེ་བ་ཁྲུ་ཚུར་ཙམ་ཞིག་བསྒོམ། དེ་ལ་མེ་ལྕེ་འཛམ་པོ་མར་ལ་ལྷུག་ལྷུག་བྱོན་ནས་ཉེ་བ་མན་ཆོད་སོར་རྩེ་ཡན་ཆད་ཀྱི་དཀྱིག་གིས་གང་བར་བསྒོམ་ལ། དེ་ནས་རེས་འགའ་སོར་རྩེ་བཅུ་ལ་མེ་ལྕེ་སོར་གསུམ་གསུམ་ཙམ་འབར་བ་བསྒོམ། སྲི་ལ་ཕན་པ་དང་། ཐེ་བྲག་ཏུ་ཞབས་ལ་ཕན་པར་བྱ་བའི་ཕྱིར་ཏེ།

ཉེ་བའི་འོག་སོང་པའི་ནང་དུ་རྗེ་བཙུན་མ་འཕགས་མ་སྒྲོལ་མ་ནད་ཀྱི་འཇིགས་པ་སྐྱོབ་མ་སྐུ་མདོག་སྔོ་ལྗང་ཞལ་འཛུམ་བག་དང་བཅས་པ་མཐིང་གང་ཙམ་ཞིག་བསྒོམ། དེའི་སྐུ་ལས་འོད་ཟེར་སྔོ་ལྗང་མར་ལ་ནར་གྱིས་བྱོན་ནས། ཞབས་ཀྱིས

བསྣུང་བའི་ནད་ཐམས་ཅད་འོད་ཟེར་སྤོ་ལྗང་དེས་མེ་རེ་ཁེངས་པར་སྒོམ། དེ་ལྟར་བསྒོམས་པས་སྐུ་ཁམས་སྤྱི་དང་། ཞབས་ལ་སོགས་པ་ལ་ཕན་པ་ལགས།

དམིགས་པ་དང་པོ་ལམ་གཏོང་ལ་ནན་ཏན་ཆེ་བར་བྱ། དེ་ནས་སེམས་བསྐྱེད། ལུས་ཡི་དམ་གྱི་ལྷར་བསྒོམ། ཡི་དམ་ལྷའི་ལྟེ་བའི་དངོས་གཞིའི་ནང་དུ་རྗེ་བཙུན་མ་འཕགས་མ་སྒྲོལ་མ། ནད་ཀྱི་འཇིགས་པ་སྐྱོབ་མ་སྐུ་མདོག་སྤོ་ལྗང་། ཞལ་འཛུམ་བག་གཉིས་དང་བཅས་པ་སོར་བཞི་ཙམ་ཅི་ཙམ་བདེ་བ་ཞིག་བསྒོམ། དེའི་སྐུ་ལུས་ལས་འོད་ཟེར་སྤོ་ལྗང་རྗེ་བཙུན་མའི་སྐུ་མདོག་ལྟ་བུ་བྱོན་ནས་རྩ་འཁོར་ལོ་བཞི་དཀྱིལ་གིས་གང་ནས་དེ་ནས་རྐང་ལག་བཞི་ཀའི་སོར་མོའི་ནང་ན་ཕར་དུས་གཅིག་ཏུ་ནད་དང་གདོན་པ་རྣམས། ནག་པོ་ནག་པོར་བཏྲས་ནས་ན་ར་ར་འགྲོ་བར་བསྒོམ།

ནད་འདོན་ནི། ནད་དེ་གང་དུ་འདུས་པའི་ས་དེར་ན་བར་ཡོང་། ན་ས་དེར་ཟླ་མའི་སྐུ་ཆོན་གང་བ་ཞིག་བསྒོམ། དེ་ལས་ཡེ་ཤེས་ཀྱི་མེ་སྟ་ལྷག་ཙམ་ཞིག་བྱུང་ནས། མར་སོར་བར་བསམ་ཞིང་། དམིགས་པ་མེའི་རྩེ་མོ་ལ་གཏད་པས་སོས་པ་ལ་ཚེགས་མེད། དེས་ནི་རླུང་ལོག་པ་ལ་སོགས་པ་དང་མིད་འཆུས། ཚད་པ་གསར་པ་ཚ་གྲང་འདྲེས་པའི་ནད་ཐམས་ཅད་ལ་ཕན། འདི་ནི་ནད་བརྒྱ་སྡུགས་གཅིག་བྱ་བ་ཡིན་གསུངས།

༣༡ ནང་ཆ་ཤ་རུས་རྐང་དང་རྩ་རྒྱུས་ལ་ཡོད་པའི་ནད་ལ་དམིགས་པ།

ཡང་ལམ་དུ་བཏང་། སེམས་བསྐྱེད། ལུས་ཡི་དམ་གྱི་ལྷར་བསྒོམ། ཡི་དམ་གྱི་ལྷའི་ཁོང་པའི་ནང་ཤ་དང་རུས་པ། རྐང་དང་རྩ་རྒྱུས། རྒྱུ་ལྟོ་ཉལ་ཉེལ། བཙག་བཙོག་སྤྱིའི་རྡེ་མོ་ཙམ་ཡང་མེད་པ། རྣམ་པ་ནི་ཡི་དམ་ལྷ་ཡི་རྣམ་པ་ཁྲོ་མ་ཕྱུས་བཏབ་པ་བཞིན་དུ་གཙང་སིང་ངེ་ཡོད་པར་བསྒོམ། ཞག་ཁ་ཅིག་ནན་ཏན་ཆེ་བར་དེ་ལྟར་བསྒོམས་པས་རྩ་མིག་ན་གནས་པའི་ནད་རྣམས་སྤྱུ་མཚམས་ལྟེ་བའི་འོག་ཏུ་ཚོགས། དེའི་རྟགས་སུ་ཟུག་ལྷང་ལྷང་མི་བཟོད་པ་ཡོད། དེ་བྱུང་བའི་དུས་སུ་ཟུག་གི་ངོ་བོ་བཅོམ་ལྡན་འདས་མ་ཟུག་དེ་ཙམ་དུ་བསྒོམ། བཅོམ་ལྡན་འདས་མའི་སྐུ་ལས་མེ་ལྕེ་བ་གཞུག་ཙམ་ཞིག་བཤང་ལམ་ན་མར་ན་ར་ར་འཧོམ་བཅོ་བརྒྱད་ཙམ་ན་མར་འབར་བའི་མེ་ལྕེའི་རྩེ་མོར་ཤེས་པ་གཏད་ལ་བསྒོམ། དམིགས་པ་དེས། ནང་ཆ་དང་ཤ་ལ་ཡོད་པའི་ནད་ཐམས་ཅད་བཤང་ལམ་ན་མར་ཐོན་པ་ཡིན།

དེ་ནས་ཡང་རྗེ་བཙུན་མའི་སྐུ་ལས་མེ་ལྕེ་བ་གཞུག་ཙམ་དེ་སྙིད་པ་ཕྲ་བ་ནས་སྐལ་ཚིགས་ཀྱི་ནང་ན་མར་བརྫོལ་ནས། འཧོམ་བཅོ་བརྒྱད་ཙམ་ན་མར་འབར་བར་མེའི་རྩེ་མོ་ལ་ཤེས་པ་གཏད། དེས་རུས་པ་དང་རྐང་རྩ་རྒྱུས་ལ་ཡོད་པའི་ནད་རྣམས་མར་ཐོན་ནས་ཡོང་། དེ་ལྟར་ཐུགས་དམ་མཛད་པར་ཞུ། དབང་པོ་རིལ་བུ་ཤིན་ཏུ་བཟང་བ་གཉིས་བཀུར་ནས་བདོག

དེ་ལ་དམིགས་པ་ལམ་གཏོང་ལ་སོགས་པ་སྔོན་འགྲོ་རྣམས་མཛད་ནས། དམིགས་པའི་དངོས་གཞི་ནི། ལྟེ་བའི་འོག་སོར་བཞི་ཙམ་གྱི་ནང་ན་བཅོམ་ལྡན་འདས་མ་རྗེ་བཙུན་རྡོ་རྗེ་རྣལ་འབྱོར་མའི་སྐུ་ཆེ་ཆུང་མཐེབ་གང་ཙམ་ཞིག་བསྒོམ། དེའི་སྐུ་ལས་མེ་ལྕེ་སྒོམ་ཕྲ་ལག་ངར་ཙམ་ཞིག་ལྷུག་གིས་འབར་ནས་བཤང་ལམ་ན་མར་འབར་བ་དེ་སའི་འོག་འདོམ་བཅོ་བརྒྱད་ཙམ་ན་མར་འབར་བར་བསྒོམ། མེ་དེ་རེས་གཞུག་གུ་ཐུང་ན་མར་འབར་བའི་ཡང་སའི་འོག་འདོམ་བཅོ་བརྒྱད་ཙམ་ན་མར་འབར་བར་བསྒོམ། དེ་གཉིས་ཐུགས་གང་འགྲོ་འགྲོར་རེས་འཇོག་ཏུ་བསྒོམ།།

༼༣༢༽
སྐྱིགས་བུ་དང་གློ་ལུད་བར་དམིགས་པ།

སྐྱིགས་བུ་དང་གློ་མང་པོ་ཡོང་ན་གསང་གནས་སུ་དམིགས་པ་གཏད་ལ་རླུང་བག་རེ་གཟུང་ངོ་།།

ཨི་བུའམ་གློ་ན་བའི་གེགས་རྒྱུགས་ན། ལྟེ་བའམ་གསང་གནས་སུ་བླ་མ་ལ་དམིགས་པ་རྩེ་གཅིག་ཏུ་གཏད་ནས་རླུང་བག་རེ་བཟུང་ངོ་།།

〔༡༡〕

མཛེ་སྐྱའི་ནད་ལ་དམིགས་པ་དང་འཁྲུལ་འཁོར།

སྔོན་འགྲོ་རྣམས་སྔར་གྱིས་(ཞལ་དུས་སུ)བྱས་ལ་ལུས་(འདུག་དུས་ལ་དཀྱིལ་ཀྲུང་ཡང་ཡང་བྱ)ཀྱི་འཁྲུལ་འཁོར་ནི། དབུ་རྩའི་འཁྲུལ་འཁོར་ཞལ་བ་ལྟར་བྱ། སེམས་ཀྱི་དམིགས་པའང་གོང་ལྟར་བྱ། མཛེ་སྐྱ་གསོ་བར་བྱེད་པའི་ཐབས་ལའང་དེ་བཞིན་དུ་བྱའོ།།

ཡང་སྐྱེ་བ་སྔོན་མའི་ལས་ངན་རྣམས་དགེ་སྦྱོར་བྱས་པས་ལྡོངས་ནས། སྟོང་པ་ལ་གནས་པ་མ་རྟེན་པར་ལངས་ནས་མཛེ་ལ་སོགས་པར་ལྷུང་བས་མཛེའི་གེགས་ལ་རྟགས་ཉེན་ཡོད་པས། མཛེ་བྱུང་ན་སྟོང་ཉིད་སྙིང་རྗེ། མཛེ་ཞུར་འདེད་བསྒོམ། དེ་ལ་ལུས་ཀྱི་འཁྲུལ་འཁོར། སེམས་ཀྱི་འཁྲུལ་འཁོར། ངག་གི་འཁྲུལ་འཁོར་གསུམ་གྱིས་ཉམས་སུ་བླང་ངོ་།།

དང་པོ་ལུས་ཀྱི་འཁྲུལ་འཁོར་ནི། ལུས་དཀྱིལ་ཀྲུང་བྱ། སྙིན་ཐྲག་བསྣུས་ནས་མཆི་མ་ལྷུག་པ་བཞིན་དུ་བྱ།

སེམས་ཀྱི་འཁྲུལ་འཁོར་ནི། འདུ་ཤེས་པ་རྣམ་པ་ལྔའི་སྒོ་ནས་སྙིང་རྗེ་བསྒོམ། དང་པོ་མའི་དྲིན་དྲན་པར་བྱ། དེ་ནས་བདག་ལ་གནོད་པར་བྱེད་པའི་འདྲེ་འདི། བདག་གི་མ་ཡིན་པས་སྙིང་རེ་རྗེ། མ་འདིས་བུའི་དོན་དུ་ལས་ངན་པ་བྱས་པའི་སེམས་འཁྲུལ་ནས་གཞན་ལ་གནོད་པ་མི་སྐྱིལ་དབང་མེད་པས་འདི་སྙིང་རེ་རྗེ་སྙམ་དུ་བསམ། གཞན་ལ་གནོད་པ་བསྐྱལ་བའི་འབྲས་བུ་ངན་སོང་དུ་སྐྱེ་སྙིང་རེ་རྗེ་ངན་སོང་དུ་ལན་གཅིག་སྐྱེས་པས་མི་ཆོག་སྟེ། འཁོར་བ་མཐའ་མེད་དུ་འཁྱམ་དགོས་པས་སྙིང་རེ་རྗེ། འཁོར་བ་མཐའ་མེད་དུ་འཁྱམས་པའི་དུས་སུ་རེ་ས་བུ་རང་ཉིད་མིན་པ་མེད་སྙིང་རེ་རྗེ་སྙམ་དུ་བསམ།

ངག་གི་འཁྲུལ་འཁོར་ནི། བདག་ལ་གནོད་པར་བྱེད་པ་འདི་སྙིང་རེ་རྗེ་ཞེས་ཕྲེང་བ་ལ་བགྲངས་པ་སྟོང་སྟོང་ཙམ་དང་། སེམས་ལ་ཚུགས་པ་མེད་པར་བསྒོམ། སེམས་ལ་ཚུགས་པ་མེད་པའི་སྙིང་རྗེ་དེ་སྐྱེས་ན་ནད་བཟློག་གནོད་བྱེད་ལ་སྙིང་རྗེ་མ་སྐྱེས་ན་ནད་མི་སོས་པ་ཡིན། གནོད་བྱེད་ལ་སྙིང་རྗེ་སྐྱེས་པས་ནད་སོས། སེམས་ཅན་ཐམས་ཅད་ལ་སྙིང་རྗེ་སྐྱེས་པས་ནད་མི་ལྡོག་པ་ཡིན། དེ་ནས་སེམས་ཅན་ཐམས་ཅད་རྫོགས་པའི་སངས་རྒྱས་ཐོབ་པར་བྱ། དེའི་ཆེད་དུ་ལྷ་ལྷན་བསྒོམ་སྙམ་དུ་བསམ་ནས། སྙིང་རྗེ་དང་སྟོང་པ་ཟུང་དུ་འཇུག་པས་མཛེ་སོས་པ་ལ་ཐེགས་མེད། དམིགས་པ་སྙིང་རྗེ་གཅིག་པུ་ཡིན་པས་ཅིས་ཀྱང་མ་ཡེངས་པ་ཞིག་དགོས།།

༣༩

གྲང་བའི་ནད་ལ་དམིགས་པ་དང་འཁྲུལ་འཁོར།

གྲང་བ་སྐྱ་བོར་འཁྲུ་བར་བྱེད་པའི་ཐབས་ལ། ཁ་ཟས་ནི། སྔོན་གྱི་གྲོ་མ་ཆུ་བཙད་པ་དང་། མར་ཁུ་བཙག་བཙད་གཉིས་དཀྱུགས་ལ་མ་གྲང་བར་བཟའ། འབྲས་ཀྱི་ཚ་བ་དང་། ཆུ་ཏྭ་ལ་སོགས་པའི་ཚོད་བླངས་ལ་བཏང་། སྤོན་འགྲོ་རྣམས་གོང་དང་འདྲ། བཤད་ལམ་གྱི་ཁར་མེ་ལོང་གི་དལ་ཞིག་བསམ། དེའི་དབུས་ནས་མེ་ནར་གྱིས་བྱུང་ནས་ཕོ་བར་སླེབས་པར་བསྒོམ། འབྱུང་འཕྲོ་ཆད་ནས་འཁྲིལ་ན་དམིགས་པ་སྒོམ་འཕྲོ་བཅད་ལ་**1)ས་འཆགས་པའི་འཁྲུལ་འཁོར་**བྱ་སྟེ། བཤད་ལམ་རླུང་དལ་གྱིས་ཕྱུལ། དེས་ནད་འཁྲིལ་ཐོན་ནས་ནད་ཕན་པར་འགྱུར་རོ།།

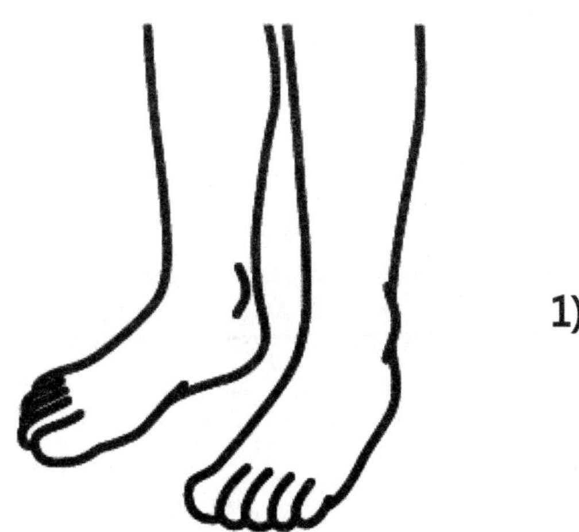

༣༥

གྲང་ནད་དྲི་ཆེན་དང་ཆུ་ཤོར་བར་དམིགས་པ།

དྲི་མ་དང་ཆུ་སྡོམ་ན། དྲི་ཆུ་འདི་མ་ཤོར་བར་བྱའོ་སྙམ་དུ་བསམ་མོ། །ཡང་ན་མཚན་མའི་ཁར་ཡུངས་དཀར་བསམ་ཞིང་འབྲུབ་ཁུང་དུ་འོད་དམར་པོ་ནས་ཙམ་པ་ཞིག་གསལ་ལོ།།

སྨད་གྲང་བའི་ནད་ལ་ཧྲིང་རེ་འཛིན་ཙནྡ་ལི་ལྟ་བུ་ནི། རྩ་གསུམ་གསལ་གདབ་ལ། ལྟེ་བའི་འོག་ཏུ་མེ་སྦར་ལ། མེ་ཆེར་འབར་བས། འཁོར་ལོ་ལྷུའམ། ནད་ལ་སོགས་པ་ཐུལ་བསྲེགས་པར་བསམ། ཙནྡ་ལིའི་གདམས་པའོ།།

༣༨

རྨ་གསོ་བར་དམིགས་པ།

རྨ་ལ། རྨའི་ཁར་འོད་ཟེར་དཀར་པོ་ནས་ཙམ་ཞིག་བསམ། ཡང་ན་བླ་མ་ཡི་དམ། ཡང་ན་ཨ་དཀར་པོ་ནས་ཙམ་ཞིག་རྨའི་ཁར་བསྒོམ། དེས་རྣག་ཁྲག་དང་ཆུ་སེར་ཐམས་ཅད་ཐོན་ནས་ནད་འཚོའོ། །དེ་རྣམས་གང་སྒོམ་ཡང་ནས་བས་ཆེ་བ་དང་། རྨའི་སྟེང་དུ་བསྒོམ་ན་རྨ་ཁ་ཕྱིར་ལོག་སྟེ་འཐོགས་ནས་འགྲོའོ།།

རྨ་གསོ་བར་བྱེད་པའི་ཐབས་ལ། བྱུང་མ་ཐག་ཏུ་རྩ་འཛིན་པ་ལ་མར་ཁུ་ཐོར་གང་ཙམ་བཏང་། སྔོན་འགྲོ་རྣམས་གོང་ལྟར་བྱ། གཞོན་ན་ཞག་བདུན། རྒན་ན་ཞག་གསུམ་སྔོ་བཅད། རྨ་ནང་སྟོང་པ་སང་ངེ་བསྒོམ། དེ་ནས་རྨ་ཁར་(དེས་རྨ་ཚད་འདི་སོས་པ་ཡིན)བླ་མ་དམ་པའམ། རྡོ་རྗེ་ཐུགས་རྗེ་ཆེན་པོ་ཡུངས་འབྲུ་ཙམ་ཞིག་བསྒོམ། དེ་ལྟེམ་གྱིས་ཞུ་བ་ལས(ཡང་ཆུ་སེར་གྱིས་རྒྱས་ནས་རྨ་སྲང་དུ་སོང་ན་རྨ་ནང་དུ་པདྨ་འདབ་མ་ལྔ་པ་ཡུ་བ་མཐོ་གང་ཙམ་ཞིག་གི་སྟེང་དུ་ཧཱུྃ་ངམ་ཡི་དམ་གྱི་ལྷ་ཆུང་ངུ་ཞིག་བསམས། དེས་ཆུ་སེར་ཐོན)ཡེ་ཤེས་ཀྱི་བདུད་རྩི་དཀར་སེར་གྱིས་རྩ་ཁ་ཁེངས་པར་བསམ། ཡང་ན་ཨ་དཀར་པོ་ཞིག་བསྒོམ་ལ་ཞུ་བས་གོང་བཞིན་བསམ། སྔོ་བཅོས་སྨན་དཔྱད་དང་མཐུན་གསུངས།།

༼༡༥༽ སྐྲངས་ལོ་ན་བར་དམིགས་པ།

སྐྲངས་ལོ་ན་བ་ལ་ན་ས་དེར་ལྕགས་བསྲེགས་པ་ལྟར་དམར་སེར་ངེ་ཞིག་བསྒོམ་མོ། སྐྲངས་ལོ་དམ་དུམ་ལ་སྐྲངས་པའི་ཁར་བྱི་རུ་དམར་པོ་དམར་སེང་ངེ་བ་ཞིག་བསམ་མོ།།

བརྡབས་པ་ལ་སོགས་པའི་སྐྲངས་རྗོ་བཅོས་པར་བྱེད་པ་ནི། ལམ་དུ་གཏོང་བ་ལ་སོགས་པའི་སྔོན་འགྲོ་རྣམས་གོང་དང་མཐུན། སྒོམ་ཆེན་ཡིན་ན་ཕྱག་རྒྱ་ཆེན་པོའི་ངང་ལ་མཉམ་པར་བཞག དེ་མིན་ན་བཅོས་པའི་བྱ་བར་ཉིན་རེ་ཙམ་བཞག དེ་ནས་བླ་མ་དམ་པ་རྩ་གསུམ་འདུས་མདོར་བསྒོམ། དེས་སྐྲངས་སྤྱི་ལ་ཕན། ཁོལ་བུར་སྐྲངས་ན་བླ་མ་དམ་པ་སྙིང་གི་དབུས་སུ་བསྒོམ། དེ་ལ་ཡེ་ཤེས་ཀྱི་མེ་བསྲེངས་ལ་མེའི་རྩེ་མོས་ནད་དེ་བསྲེགས་པར་བསམ། དེས་སྤྱི་དང་བྱེ་བྲག་མེད་པ་ལ་ཕན་པར་འགྱུར་རོ།།

༼༣༨༽
དུག་ནད་ལ་དམིགས་པ་དང་འཁྲུལ་འཁོར།

དུག་གི་དམིགས་པ་ནི། དང་པོ་ལམ་དུ་བཏང་སེམས་བསྐྱེད་ལུས་ལྷར་བསྒོམ། སྔོང་ར་བསྒོམ། དེས་སྤྱི་བོའི་གཙུག་ནས་རྐང་པའི་མཐིལ་ཡན་ཆོད་ཀྱི་དུག་གང་ན་ཡོད་པ་ཐམས་ཅད་བསྡུད་ས་མེད་པར་གཅིག་ཏུ་འདུས་ནས་འོང་སྟེ། ནད་གར་འདུས་པའི་སར་ནར་འོང་བས། ན་ས་དེར་བླ་མའི་སྐུ་ཆེན་གང་བ་ཞིག་བསམ་མོ། །དེ་ནས་ཕྱིར་གདོན་ཏེ། འདི་ལ་བཤལ་དང་སྐྱུགས་གཉིས་ལས། སྐྱུགས་ནི་ནད་པ་ལ་བག་ཟན་པར་འདུག་པས་བཤལ་ན་ལེགས། བཤལ་འདི་བྱེད་ན་བཤང་ལམ་དུ་པདྨ་དཀར་པོ་ཁ་ཕྱིར་བལྟས་པ་ཞིག་བསམ། དེ་ལ་མ་ཡེངས་པར་དམིགས་པ་གཏད་ནས་ཙུང་ཟད་མནན་པས་བཤལ་ཐོན་འོང་། མ་ཐོན་ན་རྒྱ་སྐོལ་ལམ། ཐར་ཉུ་བཏང་བས་ཐོན་པ་ལ་ཆོགས་མེད་དོ། །ཡང་རྫོངས་པ་ངོ་མཚར་བསྐྱེད་པར་འདོད་ན། **1)མདུན་དུ་རིན་པོ་ཆེའི་སྣོད་བཞག་ལ། སྐྱེ་བ་སྙིངས་སྐྱུགས་པའི་འཁྲུལ་འཁོར་**བྱས་པས་དུག་ཐམས་ཅད་སྔོ་ལྡང་དུ་སྐྱུགས་པ་ཁྲུག་ཁྲུག་སྐྱུགས་པས་སྣོད་ལ་ཀད་ཀད་འབྱར་ནས་མི་ཤིགས་པ་འབྱུང་།

དེ་ནས་རྗེས་བཅད་པ་ནི། ལྟེ་བའི་འོག་ཏུ་བླ་མ་བསྒོམ་ལ། བླ་མ་ཡེ་ཤེས་ཀྱི་མེ་སྲ་ལྷུག་ཙམ་ཞིག་ཐུར་དུ་འབར་ཏེ་བཤང་ལམ་ནས་ས་འོག་འདོམ་སུམ་ཙུ་ཙམ་ན་མར་སོང་བར་བསམ་ཞིང་། དམིགས་པ་མེའི་རྩེ་མོ་ལ་གཏད་ལ་བསྒོམ། དེ་ནས་ཞག་འགའ་ནས་བཤང་ལམ་དུ་ཧཱུྃ་མཐིང་ནག་མགོ་ཐུར་དུ་བསྟན་པ་ཞིག་བསམ། དེ་ལས་མེ་ཐུར་དུ་འབར་བར་བསམ། དེས་དུག་གང་ཡིན་ཡང་གཉིང་ཕྱིན་པར་སོས་འོང་བ་ཡིན།

ཡང་དུག་གི་དམིགས་པ་ལ། སྔོན་འགྲོ་དང་རྗེས་ཀྱི་ཆོས་གོང་དང་མཐུན། དངོས་གཞི་ལུས་ཡི་དམ་གྱི་ལྷ་སྟོང་ར་འདི་ཡུན་རིང་དུ་བསྒོམས་པས། དུག་གི་ནད་ཐམས་ཅད་ཆགས་པ་མེད་པར་ཕོ་བའི་ནང་དུ་ཀྱཱ་ཧྲིལ་འདུས་ནས། དཔེར་ན་ཕོ་བ་གྲིས་དཀྲུགས་པ་ཙམ་གྱི་ན་ཚ་འོང་། དེ་ལྟར་བྱུང་བའི་དུས་སུ་བདེ་ཆེན་གནས་སུ་རྡོ་རྗེ་རིན་པོ་ཆེའི་སྐུ་མཐིང་གང་བ་ཞིག་བསྒོམ། དེའི་སྐུའི་དཔལ་ལས་མེ་ལྕེ་ལྷུག་གིས་འབྱིན་ནས་བཤང་ལམ་ནས་འོག་གི་འཇིག་རྟེན་གྱི་ཁམས་མཐའ་མེད་མུ་མེད་པ་གློས་ཙེ་ཙམ་ལྷོགས་ལྷོགས་མར་ལ་ལྷུག་ལྷུག་ལྷུག་ལ་འབར་བར་བསྒོམ། དེ་ལྟར་བསྒོམས་པས་ནད་ཐམས་ཅད་སྦྱོངས་སུ་མར་ཐོན་པ་ཡིན། གལ་ཏེ་སྦྱོངས་སུ་མ་ཐོན་ཡང་འོག་རླུང་གི་ཞོར་ལ་བསེ་དྲི་སྣུམ་མི་བཟོད་པ་མར་ཐོན་ནས་ཕོ་བའི་ཟུག་ཐམས་ཅད་འཇམ་ལྷན་གྱིས་འགྲོ། འདིས་ཤ་ལ་གནས་པའི་དུག་ཐམས་ཅད་སངས་ཀྱིས་ཐོན་པ་ཡིན་ཡང་། རུས་པ་ལ་ནད་ཞུགས་ནས་མ་ཐོན་ན། སྐལ་པའི་གཞུང་འདི་དཔེར་ན་ཤིང་བུའི་ནང་ལྟར་སྟོང་སང་ངེ་ཡོད་པ་གཞུག་གྱུ་ཐུང་གི་མར་སྣ་ཡང་ཤིང་བུའི་གཤམ་བཞིན་གསལ་ཏ་རེ་ཡོད་པར་བསམ། དེ་ནས་དྭག་མདོའི་དཀྱུས་ལྷག་ཙམ་གྱི་སྐལ་བུའི་ནང་འདིར་རྗེ་རིན་པོ་ཆེའི་སྐུ་ཚོན་གང་བ་ཞིག་བསྒོམ། དེའི་སྐུའི་དཔལ་ལས་མེ་ལྕེ་ལྷུག་གིས་འབྱིན་པ་ལ་གཞུག་གྱུ་ཐུང་གི་ནང་ནས་འོག་གི་འཇིག་རྟེན་གྱི་ཁམས་མཐའ་མེད་མུ་མེད་པ་ན་མར་ལ་ལྷུག་ལྷུག་ལྷུག་འབར་བར་རྩེ་གཅིག་ཏུ་བསྒོམ། དེ་ལྟར་བསྒོམ་པས་རུས་པ་ལ་གནས་པའི་དུག་ཐམས་ཅད་རྩ་བ་ནས་ཐོན་ཏེ་དུག་ནད་ཐམས་ཅད་སངས་ཀྱིས་ཕན་པ་ཡིན་གསུངས།

སངས་རྒྱས་ཐམས་ཅད་ཀྱི་ཡུམ། བཅོམ་ལྡན་འདས་མ་རྗེ་བཙུན་མ་རྡོ་རྗེ་རྣལ་འབྱོར་མ་ལྷེ་བའི་འོག་སོང་པའི་ནང་དུ་བསྒོམ། དེ་ཡང་བྱང་ཆུབ་ཀྱི་སེམས་དང་། ཡི་

དམ་གྱི་ལྷ། བླ་མ་བསྒོམས་པའི་རྗེས་ལ་རྗེ་བཙུན་མ་བསྒོམ། རྗེ་བཙུན་མའི་ལྟེ་བའི་དབུས་སུ་2)**ཆོས་འབྱུང་གྲུ་གསུམ་པ། དེའི་དབུས་སུ་པཾ་ཡིག**་ལ་ཡེ་ཤེས་ཀྱི་བདུད་རྩི་དཀར་ལ་དམར་ཆགས་པ་བདེ་བའི་རང་བཞིན་ཅན་ཡུན་རིང་དུ་བསྒོམ། བདེ་སྟོང་གི་ཏིང་ངེ་འཛིན་ལ་སེམས་མ་ཡེངས་པར་བྱ། དགེ་བའི་རྩ་བ་རྫོགས་པའི་བྱང་ཆུབ་ཏུ་བསྔོའོ། །ཐེ་ཚོམ་མེད་པས་མི་བསླུ་བའི་ཆོས་ལུགས་སོ། །ཉམས་སུ་བླང་བར་ཞུ། དམེ་འདོར་ན་དགེ་བཤེས་ཤིག་ལ་དུག་ནད་ཀྱི་དམིགས་པ་བསྐུར་བའོ།།

དང་པོར་བྱང་ཆུབ་ཀྱི་སེམས་བསྒོམ། ལུས་ཡི་དམ་གྱི་ལྷར་བསྒོམ། དུས་གསུམ་གྱི་བླ་མ་རྣམས་དང་དབྱེར་མེད་པའི་སྐུ། བཅོམ་ལྡན་འདས་མ་3)**རྗེ་བཙུན་མ་རྡོ་རྗེ་རྣལ**་འབྱོར་མ་ཆེ་ཆུང་སོར་བཞི་ཙམ་ཞིག་ལྟེ་བའི་འོག་ཏུ་བསྒོམ། དེ་ལ་སེམས་རྩེ་གཅིག་ཏུ་ཉིན་མཚན་ཁ་སྦྱར་རྒྱུན་ཆད་མེད་པར་བསྒོམ། སྐབས་སྐབས་སུ་དགེ་བའི་རྩ་བ་རྫོགས་པའི་བྱང་ཆུབ་ཏུ་བསྔོའོ། །མ་ཡེངས་པ་གནད་ཡིན་གལ་ཆེ། གནས་བརྟན་གཅིག་དུག་ནད་ཀྱི་དམིགས་པ་བསྐུར་བའོ།།

༼༣༨༽ བྲང་སྲོང་གི་ནད་ལ་བཅོས་ཐབས་དང་དམིགས་པ།

བྲང་སྲོང་གི་ནད་བཅོས་ཐབས་ལ། མེ་གཟའ་དང་ཆུ་གཟའ་བརྟག་པར་བྱ་སྟེ། ཟླ་བའི་རྒྱབ་ཀྱི་ཙ་སྦྱོར་རམ་གྱིས་བྱུང་ན་ཆུ་གཟའ་ཡིན། སོག་མས་བྲབ་པོ། འཇིག་རྟེན་མགོན་པོའི་གསུང་གིས། ལུས་སྟོད་དུ་ཝུར་གྱི་ཚངས་པ་འོང་ན་དེ་ལ་བརྟེན་ན། ཕྱི་རོལ་ཏུ་མི་མ་ཡིན་གྱི་གནོད་པ་འབྱུང་བ་ལུས་འཁྲུགས་ཚ་གྲང་གི་ནད་བསྐྱེད་པ་དང་སྙིང་རླུང་ལ་སོགས་ཉེས་པ་འབྱུང་། གོང་དུ་བསྟན་པའི་ཉེས་པ་སེལ་བ་དང་པོ་བྱང་ཆུབ་མཆོག་ཏུ་སེམས་བསྐྱེད། ལུས་ཡི་དམ་གྱི་ལྷ། མདུན་དུ་བླ་མ་རིན་པོ་ཆེ་ལ་སངས་རྒྱས་དངོས་ཀྱི་འདུ་ཤེས་བསྐྱེད་ལ་མཆོད། སྤྱི་བོར་ཐིམ། སྙིང་གར་བཞུགས་པ། ཟ་ཙ་དམར་རམ་གྱིས་འགྲོ་ན་མེ་གཟའ་ཡིན་ཆུ་གྲང་གི་ཆུ་ལྷུགས་བརྟེག་པ་དང་། སྔོ་བཅོས་ལ་སོགས་པ་བསྟུན། སྒོམ་ཆེན་པ་ཡིན་ན་ཕྱག་རྒྱ་ཆེན་པོའི་ངང་ལ་མཉམ་པར་བཞག ཞབས་ལ་བྱུག་པ་བྱ། གཉིས་པ་རླུང་དང་མཐུན་པར་ཉམས་སུ་བླང་། དེས་གྲོལ་བར་འགྱུར་རོ། །

བྲང་སྲོང་གི་དམིགས་པ་ནི། སྔོན་འགྲོ་ལམ་དུ་བཏང་སྟོང་ར་བསྒོམ། ལུས་ཡི་དམ་གྱི་ལྷར་བསྒོམ། དངོས་གཞི་ལྟེ་བའི་འོག་ཡུམ་ཆེན་མོའི་གནས་སུ་ཧཱུྃ་བཙུན་གསང་བའི་བདག་པོ་ཕྱག་ཞབས་ཧ་ཧ་ཙམ། ཆ་ཤེན་ཏུ་ཕྲ་བ་ཞིག་བསྒོམ།

བྲང་སྲོང་མི་འབྱུང་བར་བྱ་བ་ལ། ཐོ་རངས་ཀྱི་དུས་སུ་གཏུམ་པོ་ཕྱི་ནང་གི་བསྲུང་འཁོར་བསྒོམ། དེའང་ལུས་དང་**1)(ཕྱག་ན་རྡོ་རྗེ་བསྒོམ་པ་ཕྱི)**། དབུ་མ་ཕྱག་རྡོར་དུ་བསྒོམ་པའོ། །(ནང་བསྲུང་བའོ) རྒྱ་ལ་(རྐང་ནད་ཅེས་ཀྱང་བྱ)རྐང་ལག་ཞ་འཁྲུམས་ལ་སོགས་པའི་ནད་བྱུང་ན།

ནད་དེའི་མིང་ནས་བོས་ན། ཁོ་གོ་ལོང་སྨྲོམ་པས་དྲང་སྲོང་ཞེས་བརྗོད་ལ། དེའི་བཅོས་བསྟན་པ་ནི། དྲང་སྲོང་མི་སྔོན་པ་ལ། གཏུམ་པོ་ཕྱི་ནང་གི་སྲུང་འཁོར་བསྒོམ། ལུས་ཡི་དམ་ལྷར་བསྒོམས་པའི་དཀྱིལ་ན་ཡར་དབུ་མ་དྲང་ཐང་ངེ་བ་ལ་ཤེས་པ་གཏད། སྨུར་པོ་ཡིན་ན་(རྐྱེན་དགེ་དགུ་ཞེས་དང་། ཅུ་བ་དེ་དབུ་མ་དགེ་བར་བསྒོམ། དམིགས་པ་དང་སྲུང་འཁོར་གཉིས་ཀས)ཧཱུྃ་དགེ་ལ་བཏང་། དགེ་བོ་(དབུ་མ)ཡིན་ན་ཧཱུྃ་སྨུར་ལ་བཏང་། ཞོག་ཡ་གཅིག་(ཕྱི་ལྟེ་བ་ལྟེབ་པོར་མ་ཡིན་ཏེ། རང་སོར་དེ་འདྲ་མ་ཡིན་ཐུ་བར་འགྲོ)། ཞ་ན་ཞ་བ་ངོས་ཀྱི་ལྷ་ཕྱིད་གསལ་བར་བསྒོམ། ཡང་ན་ཞ་བ་ངོས་སུ་བལྟ་བའམ་(ཞ་བ་དེ་སྟོང་པར་སྒོམ་པའི་རྗེས་སུ་གཞུག)། གཞོགས་དེར་ཆུ་མདའ་བརྡེགས་པ་ལ་སོགས་(པ་འབྱུང་བའི་གཟའ་ངོས་བཟུང་བར)བྱའོ། །མདོར་ན་སེམས་ཟིན་པས་དྲག་པ་ཡིན།།

1)

༼༩༠༽ ནད་ཐར་འདོན་ཐབས་ཀྱི་དམིགས་པ།

སྙུང་གི་ལྷག་མ་དེ་དག་ཅིས་སོས་པར་བྱ་བ་དང་། ཕྱིས་ཀྱང་ནད་གློ་བུར་བ་མི་འཇུག་པར་བྱ་བའི་ཕྱིར། དང་པོ་ཡོན་ལམ་དུ་བཏང་། སེམས་བསྐྱེད། ལུས་ཡི་དམ་གྱི་ལྷར་བསྒོམ། ཡི་དམ་ལྷ་སྤྱི་གཙུག་ནས་རྐང་པའི་མཐིལ་ཡན་ཆད། ཤ་དང་རུས་པ། རྐང་དང་ཆུ་རྒྱུས་ལ་སོགས་པ་མེད་པར་སྦུ་མ་སྦུས་བཏབ་པ་ལྟར་སྟོང་སེང་ངེ་བ་ཞིག་བསྒོམ། དེ་ལྟར་སྟོང་པར་བསྒོམས་པའི་རྗེས་ལ། ལྟེ་བའི་འོག་སྲུ་མཚམས་ཡོང་པའི་ནང་ན་ཆོས་རྗེ་རིན་པོ་ཆེའི་སྐུ་མཁྲིད་གང་ཙམ་པ་ཞིག་རྩེ་གཅིག་ཏུ་བསྒོམ།།

༤༧

དམིགས་པ་བསྒོམ་སྐབས་དོ་སྣང་བྱེད་དགོས་པ།

ཡར་དམིགས་པ་སྒོམ་པའི་དུས་སུ་རྟོག་པ་གཞན་གྱིས་བར་མ་ཆོད་པར་འབད་པ་དྲག་པོས་ཉིན་མཚན་ཁ་སྦྱར་ནས་བསྒོམ་ན། ནད་ཀྱི་རྒྱུ་ཉོན་མོངས་པ་མི་དགེ་བ་དང་། དམིགས་པ་གཉིས་ལྷན་ཅིག་མི་གནས་པའི་འགལ་བ་ཡིན་པས་ནད་ལ་བསྟུད་ས་མེད་པར་སྨུར་དུ་འཚོའོ།།

དམིགས་པ་ལ་ལྷེམ་རྐྱང་མ་ཞུགས་པར་བྱ། ལྷེམ་རྐྱང་ཞུགས་ན་ནད་ཀྱང་མཐོ་དམན་ཅན་དུ་འོང་བས་འགྲོ་བཅད་པའམ་ཐེ་ཚོམ་གྱིས་བཞག་ན་འཆི་བ་ཡིན། སྒོམ་ན་ནད་སོས་པ་དང་བོགས་ཐོན་པ་གཉིས་ཀ་འོང་། སྤྱིར་ན་རབ་འབྲིང་ཐ་གསུམ་ལས། ནད་རབ་ལ། དམིགས་པ་བསྒོམས་པས་ནད་དྲག་ཏུའང་མ་སོང་། ཕྱུར་ཡང་མ་སོང་ན་ནད་མ་སློངས་པ་ཡིན་ཏེ། དེའི་དུས་སུ་ནད་འདི་ལ་དམིགས་པས་མི་ཕན་ཕར་འདུག་སྙམ་ནས་དམིགས་པ་འཇོག་ཉེན་ཡོད་པས། དེའི་དུས་སུ་ཤི་མ་ཤི་མེད་པར་འབུང་དགོས་པ་ཡིན། སྤྱང་བྱ་ནད་དྲག་པོ་ལ་གཉེན་པོ་སྟོབས་བསྐྱེད་ནས་བསྒོམས་པས་དམིགས་པས་ཟིལ་གྱིས་ནོན་ནས་ནམ་སོས་ཆ་མེད་པར་ནད་ལས་གྲོལ་བར་འགྱུར། ནད་འབྲིང་ལ། དམིགས་པ་བསྒོམས་པས་སླར་ནར་སོང་བ་བཞིན་འོང་བའི་དུས་སུ་དམིགས་པས་མི་ཕན་པར་འདུག་སྙམ་ནས་འཇོག་ཉེན་ཡོད། དེ་ནར་སོང་བ་ནི་དམིགས་པས་ནད་སློངས་པ་ཡིན་པས་དེའི་དུས་སུ་ནན་ཏན་ཆེ་བ་བསྒོམས་པས་ནད་ལས་གྲོལ་བར་འགྱུར། ནད་ཐ་མ་ལ། དམིགས་པ་གཏད་པ་ཙམ་གྱིས་སོས་པར་འགྱུར་རོ།།

ལར་ནད་གང་ཡིན་ཡང་ཐེངས་གཅིག་སོས་པ་ལ་འགྲོ་མི་བཅད། དེ་ལ་འགྲོ་བཅད་ན་ནད་བཟློག་པའི་རིགས་མང་བས། ནད་སོས་ཀྱང་དམིགས་པ་བག་རེ་དང་ཕྱག་རྒྱ་ཆེན་པོ་བསྒོམ། བསོད་ནམས་ཀྱི་བསགས་པ་ཆུང་བའི་ནད་པ་ལ་ལའི་རིགས་ལ་ནད་དྲག་པོ་བྱུང་བའི་དུས་སུ་དམིགས་པ་གཅིག་ལ་ཏུར་དྲག་ན། ཕྱི་ཕྱི་ཁྲུང་དུ་བཏང་བ་དང་འདྲ་བས་འཆི་དོགས་ཡོད། འདི་ཡུལ་ཚོལ་དང་སྲིད་བཅད་པ་གཉིས་གལ་ཆེ་བས། སྲིད་བཅད་པ་ནི། བསོད་ནམས་ཀྱི་ཚོགས་བསགས་ལ་འབད། ཡུལ་བཙལ་བ་ནི། དམིགས་པ་ཙུང་ཟད་སློད་ནས་ཕྱག་རྒྱ་ཆེན་པོ་བསྒོམས་པས་ཡོང་རང་འདུས་མ་བྱས་རང་ས་འཚོལ་བ་ཡིན་ནོ།།

གག་པ་དང་ལྷོག་པའི་རིགས་ལ་ཡུལ་བཟུང་བ་ཞེས་བྱ་སྟེ། སྙིང་གི་དཀྱིལ་དུ་ཐླ་མ་བསྒོམ་དེས་ནད་མི་འཕེལ་བ་ཡིན་གསུངས།

ཚད་པ་རི་ཐང་མཚམས་སུ་སླེབ་ནས་ཁ་ཟས་ཟྲོད་ཅན་བཙུད་ཅན་རྣམས་བཏང་སྟེ། རི་ཐང་མཚམས་ནི་ནད་སོས་ནས་ཟས་དང་ཁ་བྲེ་སྟེ་ནུབ་མོ་གཉིད་མི་ཟིན་པ་ནི་རི་ཐང་མཚམས་ཡིན་ནོ།།

འདིས་ནི་དམིགས་པ་ཐམས་ཅད་ཀྱི་སྒྲོག་གྲོལ་བའམ། གེགས་སེལ་བ་ཡིན་པས་གེགས་སེལ་ལ་ཆེན་མོ་ཞེས་བྱའོ།།

༼༩༣༽ མཇུག་བསྡུ།

བརྒྱུད་པ་རིན་པོ་ཆེ་འདིའི་ཆོས་བྱང་ཆུབ་ཀྱི་སེམས་རྣམ་པ་གཉིས་དབྱེ་བ་མེད་པའི་ཏིང་ངེ་འཛིན་ལ་རྟག་ཏུ་མཉམ་པར་བཞག་པས་སེམས་དེས་ལུས་བྱིན་གྱིས་རློབ། ལུས་ཀྱི་ན་ཚ་སྡུག་བསྔལ་ཞི་ནས་འོང་། ལུས་ཀྱིས་སྣང་བ་བྱིན་གྱིས་རློབ། ལྷ་དང་བཅས་པའི་འཇིག་རྟེན་དབང་དུ་འདུ། བར་དོ་རྣམ་པ་གསུམ་ཏིང་ངེ་འཛིན་གཅིག་པུ་དེས་བསྒྲོད་ནས་བླ་ན་མེད་པའི་བྱང་ཆུབ་ཏུ་སངས་རྒྱས། འཕྲིན་ལས་གཟུགས་སྐུ་རྣམ་པ་གཉིས། འཁོར་བ་མ་སྟོངས་ཀྱི་བར་དུ་འབྱུང་བས་འགྲོ་བ་ནམ་མཁའ་དང་མཉམ་པའི་སེམས་ཅན་རྣམས་བླ་ན་མེད་པའི་བྱང་ཆུབ་ལ་འགོད་པ། འདི་ནི་ངོ་མཚར་ལ་རྨད་དུ་བྱུང་བའི་ཆོས་ཡིན་པས་འདི་གཅིག་པུ་ཐུགས་ཉམས་སུ་བཞེས་པར་ཞུ། དགེའོ།། །།

國家圖書館出版品預行編目(CIP)資料

觀修除障法／直貢噶舉教主 覺巴吉天頌恭原著；喇嘛昆秋赤列譯 .-- 第一版 . -- 臺北市：樂果文化事業有限公司, 2023.12
面； 公分
ISBN 978-957-9036-53-5(平裝)

1.CST: 藏傳佛教 2.CST: 佛教修持

226.965 112020877

《觀修除障法》དམིགས་པ་གེགས་སེལ་ཆེན་མོ།

原　　著／直貢噶舉教主 覺巴吉天頌恭
（1st Drikungpa, Kyobpa Jigten Sumgön）
顧　　問／第三十七任 直貢澈贊法王
（37th Drigungpa，7th Kyabgön Chetsang）
藏版作者／第十二世 努巴昆秋滇津仁波切
（12th Nubpa Rinpoche Konchog Tenzin）
藏文整理／喇嘛昆秋普瓊（Lama Konchog Bhauchung）
喇嘛昆秋噶瑪（Lama Konchog Karma）
藏文校對／堪千尼瑪嘉稱（Khenchen Nyima Gyaltsen）
中文譯者／喇嘛昆秋赤列（Lama Konchog Thinley）
總 編 輯／李正秋（Sharon Yuan）
封面設計／喇嘛昆秋噶瑪（Lama Konchog Karma）
發　　行／台灣慧焰文化（Taiwan Huiyan Education ）
繪　　圖／喇嘛拉旺（Lama Lhawang）
曾文紹（Wen-Shao Tseng）

出　　版／樂果文化事業有限公司
讀者服務專線／(02)2795-3656
劃 撥 帳 號／50118837號　樂果文化事業有限公司
印　刷　廠／卡樂彩色製版印刷有限公司
總　經　銷／紅螞蟻圖書有限公司
地　　址／台北市內湖區舊宗路二段121巷19號(紅螞蟻資訊大樓)
電話：(02)2795-3656
傳真：(02)2795-4100

2024 年 1 月第一版　定價／ 380元　ISBN 978-957-9036-53-5
2024 年 5 月第一版第二刷
※ 本書如有缺頁、破損、裝訂錯誤，請寄回本公司調換。